विपश्यना में प्रेम

विपश्यना में प्रेम

दयानंद पांडेय

वाणी प्रकाशन

सजिल्द प्रथम संस्करण : 2023

वाणी प्रकाशन

4695, 21-ए, दरियागंज, नयी दिल्ली 110 002

फ़ोन : +91 11 23273167 फ़ैक्स : +91 11 23275710

शाखाएँ

अशोक राजपथ, पटना-800 004, बिहार

कॉफ़ी हाउस कैम्पस, महात्मा गांधी मार्ग, इलाहाबाद-211 001, उत्तर प्रदेश

महात्मा गांधी अन्तरराष्ट्रीय हिन्दी विश्वविद्यालय, वर्धा-442 001, महाराष्ट्र

36/ए, शेक्सपियर सरणी, रानी बिरला गर्ल्स कॉलेज के पास, कोलकाता-700 017, प. बंगाल

www.vaniprakashan.com
marketing@vaniprakashan.in
sales@vaniprakashan.in

Vipashyana Mein Prem
by Dayanand Pandey

ISBN : 978-93-5775-002-8
Novel

मूल्य : ₹ 499

आर. टेक ऑफ़सेट प्रिंटर्स, दिल्ली-110 032 में मुद्रित

वाणी प्रकाशन का लोगो मक़बूल फ़िदा हुसेन की कूची से

रामदेव शुक्ल के लिए

पूर्वपीठिका

संस्कृत शब्द पश्य का अर्थ है देखना और विपश्य का अपने अंतस को देखना। बाहर की ओर न देख कर अपने मन यानी विचारों को देखना। और इसे विचारशून्य करना बुद्ध की ध्यानविधि का प्रथम चरण है, प्रारंभिक भूमि जिसे विपश्यना कहा गया। पालि में संस्कृत का ही शब्द लिया गया था। बुद्ध ने मन को ही सब कुछ कहा है। जब यह विचार यानी संसार से रिक्त है तो सत्य का प्रकाश इसी अंतस में प्रकाशित है। यही फिर वैदिक मानस है, आत्म या आत्मा है, हृदय है, ईश्वर अनुभूति है। आधुनिक दौर में विपश्यना के ध्यानशिविर भारत में लगते रहे हैं, लगते रहते हैं। हालांकि इसके लिए किसी शिविर में जाने की ज़रुरत नहीं। जहां हम हैं वही शिविर हो सकता है, वही बोधिवृक्ष हो सकता है।

वरिष्ठ कथाकार दयानंद पांडेय के इस नये उपन्यास विपश्यना में प्रेम में इसी संदर्भ को उपन्यास का परिवेश बनाया गया है। शिविर-संदर्भ को वास्तविक जीवन से लिया गया है फिर लेखक की कल्पनाशीलता ने इसे अपनी कथावस्तु का आकाश दिया है। कथासार भी वास्तविक जीवन के अपरिचय से नहीं है। ऐसा परिचित जीवन में घटता है इससे हम परिचित हैं। जीवन-घटना की कल्पना और जीवन-घटना दो अलग प्रसंग हैं। जीवन-घटना की कल्पना इस तरह की जाय कि वह अविकल जीवन-घटना लगे, यही साहित्यरचना का उत्कर्ष है। रामायण और महाभारत का उत्कृष्ट

उदाहरण वर्षों से हमारे सामने है। आज कोई मानने को ही तैयार नहीं कि यह वाल्मीकि और वेदव्यास की साहित्य रचना है। महाकाव्य और गाथा का यही चरित्र भारतीय मानस के रचनाकारों ने हमें सौंपा है। जिसके वातायन में ही हम दयानंद की इस औपन्यासिक कृति को देखते हैं और प्रशंसा करते हैं।

सिर्फ देखना होता और पूरा पढ़ने के बाद आस्वाद का अनुभव वह नहीं होता जो हम भारतीय महाकाव्य के प्रस्थान बिंदु से आधुनिक हिंदी उपन्यासों की सरणि तक हम लेते आए हैं तो फिर प्रशंसा की बात नहीं बनती, न इस लघु आलेख को लिखने की उत्कंठा बन पाती। महाकाव्य का उदाहरण हमने रखा। दोनों महाकाव्य इसी अर्थ में इतिहास हैं और इसीलिए इनके रचनाकाल को इतिहासकाल भी कहा गया है। तो हम यहां से उपन्यासधर्मिता को देखते हैं। आधुनिक भारतीय उपन्यास के उदाहरण हमारे आगे हैं रबींद्रनाथ ठाकुर का उपन्यास शेष कविता, मानिक बंदोपाध्याय का पुतुलनाच की इतिकथा, शरतचंद्र का श्रीकांत की वसीयत, प्रेमचंद का देवस्थान रहस्य, जयशंकर प्रसाद का इरावती और निर्मल वर्मा का वे दिन। 2023 में अब उपन्यास विपश्यना में प्रेम को हम इसी वातायन में इसी ऊंचाई से देखते हैं।

उपन्यास में कथावस्तु के साथ दो महत्वपूर्ण अवयवों की परख की जाती है वह है भाषा और शैली। किसी कहानी को उपन्यास का रूप देने में यदि विस्तार की भाषा है तो यह सरस नहीं बनी रहती। लेकिन यदि यह भाषा में विस्तृत होता हुआ है और दिलचस्पी सिर्फ कथा-मोड़ के कारण ही नहीं बल्कि शैली यानी शिल्पगत वैशिष्ट्य के कारण भी है तो दिलचस्पी पूरा पढ़ लेने के बाद भी बनी रहती है उत्सुकता का उत्साह भी भाषा के स्तर पर वाग्जाल नहीं है। कथा के विस्तार में अन्योक्ति नहीं है, और शैली के स्तर पर सामासिक अभिव्यक्ति है; आलंकारिक सौंदर्य की शाब्दिक उपमाएं हैं। देखिए :

साधना और साधन में इतना संघर्ष क्या हमारे सारे जीवन में ही उथल पुथल नहीं मचाए है ? इस शोर का कोई कुछ नहीं कर सकता था। वह भी नहीं।

यह कौन सा शोर है? शोर है कि विलाप ? कि शोर और विलाप के बीच का कुछ ? विपश्यना तो नहीं ही है तो फिर क्या है ?

विराट दुनिया है स्त्री की देह। स्त्री का मन उसकी देह से भी विराट।

चंदन है तो वह महकेगा ही वह महक उठता है।

बाहर हल्की धूप है, मन में ढेर सारी ठंड।

नींद में ध्यान।

विपश्यना में वासना का कौन सा संगीत है यह?

शब्द-शब्द हम कथा में आगे बढ़ते हैं। ऐसे वाक्य सिर्फ़ अभिव्यक्ति भर नहीं हैं बल्कि ये कथा के प्रवाह को आगे बढ़ाते हैं बिल्कुल अलग आस्वाद के प्रभाव के साथ कथाप्रवाह के आगे बढ़ने के लिए विभिन्न चरित्र भी हैं, लोकेशन भी और लेखक की दृष्टि आधारित टिप्पणियां भी स्त्रियों के पक्ष में सोचते हुए यशोधरा और सीता की ओर से भी सोचा गया है और लेखक ने अपने कुछ प्रश्न उठाए हैं। यह समझने के लिए कि यदि कोई स्त्री अपने मौन विलाप में इस शिविर में आयी है तो उसका आत्यन्तिक कारण क्या हो सकता है। इसे ढूंढने लेखक सिद्धार्थ की मानसिकता में जाता है और मैथिलीशरण गुप्त की कविता के जरिये यशोधरा के विलाप तक भी द्रौपदी तक भी यह जाना फिर लोकेशन में भी बदल सकता है। दार्जिलिंग या फिर गोभी के खेत का चबूतरा या युवा दिन या नदी की तलहटी या बॉटनिकल गार्डेन और फिर लौट के आना, रहना। चुप की राजधानी में लगभग हर तीसरे अनुच्छेद में स्त्री के विलाप पर ध्यान है। चरित्रों में मुस्लिम महिला मित्र भी है, अंग्रेज लड़का भी, आस्ट्रेलियाई भी, फ्रांसीसी भी और साधु-साधु बोलता साधु भी। रूसी चरित्र तो कथा की नायिका ही है।

कथा की भाषा का संगीत की भाषा में भी अनुवाद हुआ है। परस्पर संपर्क के विवरण विशेष कर देह संसर्ग की सूक्ष्म सक्रियता को संगीत की भाषा में मर्यादा दी गयी है। कभी बांसुरी के स्वर से तो कभी मालकौंस के राग विस्तार से।

भाषा और शैली ही कथा को क्रमशः विस्तार देते हैं और पूरा उपन्यास एक ही बार में पूरा पढ़ जाता है। लगता है, किसी लंबी यात्रा से लौटे हों, बिना थके। अंतिम बार 'नीला चांद' पढ़ कर भी थोड़ा थके थे। विनय और मल्लिका का प्रेम जुड़ाव विपश्यना शिविर के अनुशासित मौन में घटता और पल्लवित होता है। यहां भी भाषा एक बड़ी भूमिका में है। भारतीय और रूसी भाषा, मौन की भाषा, देह की भाषा और विपश्यना की भाषा। इस भाषिक कथामयता पर फिल्म भी बहुत अच्छी बन सकती है। देह के स्तर पर अंततः आ जाने के परिणति निकष पर उपन्यास पाठक को सावधान भी करता है। विपश्यना में मन से संसार ही छूटता है लेकिन यहां कथा संसार को कस कर पकड़ना और पकड़े रखना चाहती है और अंततः परिणति पाठक को उसके ध्यानशिविर में पहुंचा देती है, संसार के प्रति सावधान कर प्रेम में विपश्यना की ओर ध्यान अब जाता है। प्रशंसा यहां इसी कारण उपन्यास की है।

साधु साधु !

—गौतम चटर्जी

एन 11/38 बी, रानीपुर, महमूरगंज
वाराणसी-221010
मोबाइल : 7052306296

वह जैसे कोई चुप की राजधानी थी। आदमी तो आदमी पेड़, पौधे, फूल, पत्ते, प्रकृति, वनस्पति सब चुप थे। जाने क्यों कोई चिड़िया भी नहीं चहकती थी। न भीतर की आवाज़ बाहर जाती थी, न बाहर की आवाज़ भीतर। अगर कोई आवाज़ कभी-कभार सुनाई देती थी तो आचार्य की। या टेप पर आचार्य के निर्देश। निर्देशों की झड़ी सी। या फिर घंटे या घंटी की। जो भी कुछ कहना-सुनना था, आचार्य कहें, आचार्य सुनें। या फिर घंटी कहें या रुनझुन बजती घंटी। या फिर लिखित निर्देश थे, जिन को पढ़ कर मान लेना और जान लेना था। लेकिन उस का इज़हार नहीं करना था। संकेतों में भी नहीं। आंखों-आंखों या संकेतों में भी किसी से कुछ कहना या सुनना नियमों की अवहेलना थी। आप शिविर से बाहर हो सकते थे, किए जा सकते थे। मन के भीतर का शोर था कि थमता ही नहीं था। लेकिन आचार्य कहते थे कि मन को नियंत्रित करना ही हमारा ध्येय है। मन को नियंत्रित करना था और मन में बसा शोर था कि थमता ही नहीं था। लगता था गोया शोर का ही निवास हो मन में। इस शोर का क्या करें आचार्य ? वह कई बार यह पूछने की सोचता था। पर जाने कोई भीतर एक और बैठा था इस शोर के सिवाय भी जो पूछने ही नहीं देता था।

कौन था यह?

शोर तो बहुत थे। उन की कैफियत भी बहुत थी। किसिम-किसिम की। पर शांति नहीं थी। मन की शांति। और वह मन की शांति ही की तलाश में

घर से लगभग पगहा तुड़ा कर, भाग कर इस शिविर में आया था। विपश्यना शिविर। पर क्या कोई शिविर किसी को शांति दे सकता है? यहां इस विपश्यना शिविर के ध्यान कक्ष में बैठा विनय यह सोच रहा था। आचार्य की आवाज़ में निरंतर बजता टेप सांस को समझने तटस्थ भाव से देखने के बहाने मन को नियंत्रित करने के निर्देश पर निर्देश ध्वनित करता जा रहा था। आना-पान चल रहा है। आना-पान मतलब सांस लेना, सांस छोड़ना। सांस पर नियंत्रण, सांस को तटस्थ भाव से, साक्षी भाव से देखना सिखा रहे हैं आचार्य। सांस को स्पर्श करने को निर्देशित कर रहे हैं। वह कह रहे हैं नाक पर केंद्रित होने को। स्पर्श को महसूस करने को। पर यहां तो थोड़ी दूर पर ध्यान कक्ष में बैठी अंगरेज बाला का सौंदर्य महसूस हो रहा है। सारा ध्यान उस पर ही केंद्रित हो जा रहा है। वह लंदन से अपने ब्वाय फ्रेंड के साथ आई है शिविर में। पर दोनों अलग-अलग ठहराए गए हैं। आपस में मिलने-बतियाने की मनाही है। पूर सख्ती से। सो जब ध्यान कक्ष में होते हैं दोनों तो ध्यान छोड़ कर एक दूसरे में ध्यान लगाते हैं। नज़रें चुरा कर एक दूसरे को देखते हैं। लड़का विनय के ठीक आगे एक लाइन छोड़ कर रोज बैठता है। सब के बैठने की जगह तय है।

रोज एक ही जगह बैठना होता है। तो पहले दिन तो क्या पहली शाम बस परिचय था। और हलका सा ध्यान। उस शाम सब जान गए कि कहां बैठना है, क्या और कैसे करना है। इंट्रोड्यूसिंग मीटिंग कहिए। और मौन शुरू हो गया था।

अब मौन में ही सोना था, मौन में ही जगना था। मौन में ही नहाना था, मौन में ही खाना था। मौन क्या था मन के शोर में और-और जलना था। तो क्या मौन मन को जला डालता है? पता नहीं, पर अभी तो यह मौन मन को सुलगा रहा था। बिना धुएं और बिना आंच के। धीमी आंच पर जैसे सांस दहक रह थी। मौन की मीठी आंच एक अजीब सी दुनिया में ले जा रह थी। आंखें बंद थीं और जैसे मदहोशी सी छा रह थी। यह कौन सी दुनिया थी?

दुनिया थी कि सपना थी? सपना कि कोई और लोक? मदहोशी की यह खुमारी भीतर-भीतर जैसे गा रह थी, 'आज मदहोश हुआ जाए रे मेरा मन, मेरा मन,....मुसकुराए रे मेरा मन !' शाम होते न होते यह मदहोशी भी टूटने लगी थी। ध्यान कक्ष में ध्यान, अब देह की थकान में तब्दील हो रह थी यह मदहोशी। कमर टूट रह थी। शाम के नाश्ते ने कुछ थकान मद्धिम तो की पर प्रवचन में यह बिलकुल ही उतर गई। प्रवचन में विचारों की खिड़की थी, जो भावों की शुद्धता थी और तार्किकता की जो कड़ी दर कड़ी थी, विनय को मोह गई।

बहुत समय बाद रात को बिना भोजन किए ही सोने का समय आ गया। विधान ही था इस शिविर का कि रात का भोजन नहीं मिलेगा। न ही करना है किसी तरह। रात बिना भोजन के सोने के विद्यार्थी दिनों के दिन याद आ गए। तब तो रात क्या कई बार दिन भी बिना भोजन के गुज़र जाते थे। चेहरे पर जैसे भूख टंगी रहती थी किसी सिनेमा के पोस्टर की तरह। पेट में भूख की मरोड़ उठती रहती थी। पर उस दिन मन में तो कहीं था कि भोजन नहीं किया है पर पेट में मरोड़ नहीं उठी। उस ने आइने में चेहरा देखा। चेहरे पर भूख का पोस्टर नहीं दिखा।

वह सो गया।

सुबह चार बजे जगने का घंटा बजा। वह नहीं उठा। थोड़ी देर बाद एक व्यक्ति हाथ में रुनझुन घंटी बजाते आया। विनय फिर भी नहीं उठा। घंटी अब की वह व्यक्ति उस के कमरे के सामने तब तक बजाता रहा, जब तक कि विनय उठ कर खड़ा नहीं हो गया। लेकिन वह व्यक्ति बोला कुछ नहीं। ब्रश आदि और स्नान के बाद वह पहुंचा ध्यान कक्ष। सभी ध्यानस्थ थे। उसे सचमुच बहुत देर हो गई थी। आचार्य ने उसे बस एक नज़र देखा। और ध्यानस्थ हो गए। विनय ने देखा वह अंगरेज बालिका भी ध्यानस्थ थी और उसका ब्वायफ्रेंड भी। बाकी औरतें और मर्द भी ध्यानस्थ थे। वैसे भी इस शिविर में आधे से भी अधिक विदेशी थे। रूस, आस्ट्रेलिया, फ्रांस, लंदन,

सिंगापुर आदि देशों के औरत-मर्द थे। ज़्यादातर जोड़े में। पति-पत्नी भी एकाध थे। लेकिन महिला मित्रों वाले ज़्यादा थे। दो या तीन सिंगल भी थे। अपने आप में खोए। लगभग हारे हुए से। एकांत में भी एकांत खोजते हुए से। ध्यान में भी ध्यान खोजते हुए से। हिंदुस्तानी भी जो थे उस में ज़्यादातर मराठी थे। महाराष्ट्र से 15 लोगों का दल ही आया हुआ था। कुछ हिंदुस्तानी स्त्रियाँ भी थीं। पर लगभग गंवई या कस्बाई पृष्ठभूमि वाली। सीधे पल्ले में। सिर पर पल्लू लिए हुए। सिर्फ़ एक स्त्री कुछ-कुछ शहरी दीखती थी। लेकिन हिंदी वह भी नहीं जानती थी। लगभग सभी स्त्री-पुरुष यहां ध्यान के बहाने तनाव छांटने आए थे। हर कोई स्ट्रेस का मारा हुआ था। कोई साइंटिस्ट था, कोई प्राध्यापक, कोई डाक्टर, कोई व्यापारी, कोई ठेकेदार, कोई किसान, कोई नौकरीपेशा। ज़्यादातर मध्यवर्गीय रहन-सहन वाले थे। तो कुछ उच्च मध्यवर्ग के भी। कुछ निम्न वर्ग के भी। पर सब के सब एक साथ एक ही ध्येय लिए आए थे - तनाव तंबू को तोड़ने। चुप रहना तनाव तोड़ने में कितना काम आ सकता है, विनय ने यहीं इसी शिविर में आ कर जाना। आप बोलेंगे नहीं तो विवाद होंगे ही नहीं। चुप रहना और एक बंधे हुए अनुशासन में रहना बहुत कुछ आसान कर देता है। और तिस पर ध्यान। विपश्यना की पद्धति आप को जैसे नहला देती है।

विनय भी नहा रहा था। पर आधा-अधूरा। आधा-अधूरा अनुशासन और आधा-अधूरा ही ध्यान वह कर पा रहा था। विनय के पास कोई ऐसा-वैसा तनाव भी नहीं था। वह तो सिर्फ़ घर की कुछ समस्याओं से आजिज आ कर आया था। यह सोच कर भी कि इस बहाने वह बुद्ध की शरण में जाएगा और कि बुद्ध के बारे में कुछ और जान-समझ पाएगा। बुद्ध को जान कर कुछ शुद्ध हो लेगा। कुछ शांति मिल जाएगी। पर यहां तो बुद्ध या बुद्ध के बारे में कुछ था ही नहीं। थी तो बुद्ध की तपस्या थी। लगभग अधेड़ हो चले विनय के वश की यह तपस्या बिलकुल ही नहीं थी। रोज-ब-रोज

बारह-बारह घंटे बैठ कर ध्यान करना कुछ नहीं, बहुत कठिन था। ध्यान तो बाद की बात थी, पालथी मार कर आसन जमा कर लगातार बैठना एक विकट समस्या थी। अंग-अंग, पोर-पोर दुख से, दर्द से सराबोर था। भला बैठने भर से भी देह दुख सकती है? लेकिन विनय की देह तो दुख रही थी। पीठ तो लगता था जैसे टूट ही जाएगी। दूसरे ही दिन शाम को प्रवचन के बाद उस ने वहीं उपस्थित आचार्य से यह बात बताई। वह मुसकुराए। और बोले, 'विकार निकल रहा है मन के भीतर से तो तकलीफ़ तो होगी।'

'विकार?' विनय चकित होता हुआ बोला, 'मैं कोई पापी नहीं हूं। पाप नहीं किए मैं ने कोई।'

'विकार कई तरह के होते हैं।' आचार्य ने कहा, 'पाप या दुष्कर्म ही विकार नहीं होता।' जैसे उन्हों ने जोड़ा, 'विकार निकलते ही तकलीफ़ खत्म हो जाएगी। देह नहीं टूटेगी।' और जैसे उन्होंने इशारा किया कि बात ख़त्म। अब आप जाएं।

इस चुप की राजधानी में जैसे बोलने की यही एक खिड़की थी कि आप आचार्य से सीमित बात सवाल-समाधान ही कर सकते थे। अकेले में। सब के जाने के बाद। धीमी आवाज़ में।

अब वह देखता कि कुछ लोग अचानक ध्यान कक्ष से गायब होने लगे। एक रशियन आदमी बाक़ायदा दीवार से टेक लगा कर बैठने लगा। विनय ने भी दीवार से टेक लगा कर बैठने की कोशिश की। शिविर का एक कार्यकर्ता आया और इशारे से मना कर अपनी जगह बैठने को कहने लगा। उस शाम उस ने आचार्य से दीवार से टेक लगा कर बैठने की फ़रियाद की। आचार्य ने सख़्ती से मना कर दिया। विनय ने उस रशियन आदमी का हवाला दिया तो आचार्य ने कहा कि, 'उसे कोई मेडिकल प्राब्लम है।'

'तो प्राब्लम तो मुझे भी है।' विनय ने विनयपूर्वक लगभग विनती की।

'यह कोई प्राब्लम नहीं है।'

बात ख़त्म हो गई।

फिर उस ने देखा कि एक फ्रांसीसी व्यक्ति बैठे-बैठे अचानक ग़ायब होने लगा। फिर उस ने चेक किया कि उस की महिला मित्र भी थोड़ी देर में उठ कर चल देती। यह सब देख कर उस का ध्यान खंडित होने लगा। देह का दर्द तो था ही भटकाने के लिए अब यह विदेशी जोड़ों का नैन मटक्का भी उस का ध्यान भटकाने लगा। तब जब कि महिला क्या पुरुष से भी संकेतों में भी बात करना मना था। मोबाइल, लैपटॉप, किताबें, कागज, पेन तक जमा करवा ली गई थीं। बिस्किट, नमकीन आदि भी जमा कर ली गई। कपड़ा, साबुन और दवाई के अलावा कोई अतिरिक्त चीज़ किसी भी के पास नहीं रहने दी गई थी। यहां तक की कोई माला तक ले ली गई थी। किसी भी किस्म के पूजा पाठ या एक्सरसाइज़ तक पर कड़ी पाबंदी थी। क्या तो ध्यान भंग होने का खतरा था। कोई और पद्धति ध्यान में मिल कर खलल डाल सकती थी, नुकसान हो सकता था। मानसिक और शारीरिक भी। ऐसा ही बताया गया था। चंचल मन को काबू करने के तमाम उपाय किए गए थे। पर विनय देख रहा था कि तमाम उपाय अब धराशायी होने लगे थे। वह अंगरेज लड़का थोड़ी दूर पर एक झाड़ के पास बैठ जाता। उस से कुछ ही दूर पर उस की गर्ल फ्रेंड भी। अब इशारे शुरू। एक दिन टहलते हुए विनय ने देखा ऐसा करते उन दोनों को। और मुसकुरा कर रह गया। जाने क्यों उस अंगरेज लड़के को देख कर विनय को अपने बेटे की याद आ जाती। इस लड़के की हाइट, उस की बाडी लैंगवेज़, उस की मासूमियत, और बहुत कुछ बेटे से मिलती थी।

तो उसे बेटे की याद आ जाती। एक दिन वह जब सामने से गुज़रा तो वह दोनों हाथ जोड़ कर, हाथ माथे से सटा कर, झुक कर प्रणाम की मुद्रा में आ गया। बिन कुछ बोले। विनय का मन हुआ कि बढ़ कर उसे अपने गले से लगा ले। सटा ले अपने सीने से। लेकिन अनुशासन याद आ गया। वह रुक गया। अब वह लड़का अकसर ही जब भी उसे देखता हाथ जोड़ कर प्रणाम की मुद्रा में आ जाता। तो उसे उस पर दुलार आ जाता। बेटे की याद

में वह डूब जाता। पत्नी और बेटियों की याद आ जाती। अम्मा-पिता जी की याद आ जाती। जो घर छोड़ कर वह आया था, उस घर फ़ौरन सेकेंड भर में पहुंच जाने की इच्छा में वह तड़प कर रह जाता।

वह अब आचार्य से मिल कर कहना चाहता था कि, 'घर जाना चाहता हूं। यह ध्यान-व्यान मेरे वश का नहीं है।' लेकिन शिविर ज्वाइन करते समय भरे हुए बांड की इबारत और अनुशासन में बंधे रहने की इबारत रोक लेती। लेकिन जब वह अंगरेज लड़का सामने पड़ जाता हाथ जोड़े, उस का सारा संयम, सारी इबारत जवाब दे जाती। तो क्या जब बुद्ध ने घर छोड़ा रहा होगा तो क्या उन्हें भी अपने बेटे और पत्नी की सुधि नहीं आई होगी? माता-पिता, कुटुंब याद नहीं आए होंगे। वह महल, वह ऐश्वर्य, वह सुविधा-साधन और भोग नहीं याद आए होंगे?

ज़रूर याद आए होंगे।

तब फिर क्यों नहीं लौटे बुद्ध ? अपने घर क्यों नहीं लौटे बुद्ध? बुद्ध नहीं लौटे और कि वह दो चार दिनों में ही लौट जाना चाहता है? क्या यह मौन रहने की, अनुशासन में रहने का नतीज़ा है। कि मन में, जैसा कि आचार्य कहते हैं-विकार, उस विकार की पुकार है कि घर लौट चलो। घर लौट चलो विनय, घर लौट चलो! यह तप-तपस्या तुम्हारे वश का नहीं। न कोई अखबार, न टी.वी., न फ़ोन, न मोबाइल, न लैपटॉप, न घर परिवार, न बाकी दुनिया से कोई संपर्क। बस शिविर है, सांस है, सांस का स्पर्श है। आना-पान है यह। कड़ी दिनचर्या है। सुबह चार बजे उठना, ध्यान तपस्या, सुबह छ बजे ही नाश्ता। सूर्य उगता नहीं और नाश्ता हो जाता है। नहा-धो कर फिर ध्यान। भोजन के बाद थोड़ा विश्राम। फिर ध्यान। ध्यान, ध्यान और सिर्फ़ ध्यान। खुद को अनुपस्थित मान लेना ही ध्यान है। आचार्य कहते हैं कि साक्षी भाव से खुद को देखना, तटस्थ भाव से देखना ही ध्यान है। अगर कहीं सनसनाहट भी हो, खुजली भी हो, कुछ भी हो, उस पर

प्रतिक्रिया न करें। तटस्थ भाव से महसूस करें। जो भी कुछ होता है, उसे होने दें। गुज़र जाने दें।

यह कैसे संभव है भला? विनय आचार्य से यह पूछना चाहता है। कि यहां तो एक भाव या एक मुद्रा में थोड़ी देर बैठना भी नहीं हो पा रहा। बैठने की दिशा और दशा बार-बार बदलनी पड़ रही है। और आप कहते हैं आचार्य कि तटस्थ भाव से, साक्षी भाव से सिर्फ़ देखिए! यह कैसे करें आचार्य ?

विनय को याद आता है, बचपन में सुनी या पढ़ी कई बातें। जैसे कि दुश्मन की सेना आ कर लड़ कर, जीत कर चली गई। पर बौद्ध अपने ध्यान में ही लगे रह गए। उन्हें कुछ पता ही नहीं चला। यह कि बौद्ध ध्यान में इतना खो गया कि उस की देह से चींटियां गुज़रने लगीं। चीटियों ने आने-जाने का रास्ता बना लिया। पर बौद्ध भिक्षुक की साधना समाप्त नहीं हुई। तो क्या विनय भी इस या ऐसी किसी साधना में समा सकता है? वह सोचता है और सिर्फ़ सोच कर ही रह जाता है। साधु साधु !

तो क्या आज की तारीख़ में भी ऐसा कोई बौद्ध होगा दुनिया में कि वह साधना में हो और चीटियां उस की देह से गुज़रती हुई आने-जाने की राह बना लें ? कि दुश्मन की सेना फ़तह कर जाए और बौद्ध की साधना न टूटे ? आज मुमकिन भी है भला यह सब ? अगर है तो अपना चीन क्या कर रहा है? सीमा पर भी और विश्व बाज़ार में भी। कोरोना जैसी महामारी पूरी दुनिया में फैला कर अपने आस-पास आतंक का पर्याय बना चीन कर क्या रहा है ? आख़िर चीन अपने को बौद्ध देश मानता है। विनय अपने आप ही से पूछता है। तो क्या चीन और चीन के लोग यह विपश्यना और इस साधना से, इस ध्यान से अपरिचित हैं? वह नहीं जानते साक्षी भाव ? यह तटस्थ भाव? कि अपने आप को भी अपने से अलग कर के देखे ? विनय पूछता है। और निरुत्तर हो जाता है। कि वामपंथी तानाशाही और फ़ासिज्म

का मारा चीन अपने साम्राज्यवादी स्वभाव में भूल बैठा है, बुद्ध, उन की अहिंसा और उन के विचार को।

चीन?

चीन छोड़िए, अपने भारत में भी कई जगहों पर गया है विनय। पश्चिम बंगाल के दार्जिलिंग या सिक्किम के गैंगटोक जैसी जगहों में। जहां अधिकांश लोग बौद्ध हैं। बौद्ध विहार और बौद्ध मठों की बहार है। पर शराब और गाय के मांस उन की दिनचर्या है। मेघालय के शिलांग से लगायत गैंगटोक तक उस ने यही देखा है। और सब कुछ खुले आम। न त्याग, तपस्या, न साधना। बस साधन और ऐश्वर्य की दौड़ में लगे लोग ही मिले। अधिकांश।

साधना और साधन में इतना संघर्ष क्या हमारे सारे जीवन में ही उथल-पुथल नहीं मचाए है? विनय सोचता है।

शिविर में एक और फ्रांसिसी है। वह अपने आप में ही खोया रहता है। किसी की तरफ़ भूल कर भी नहीं देखता। वह अकसर ही जब ख़ाली होता है तो किसी झाड़ या किसी छोटे पेड़ के पास चला जाता है, किसी फूल के पास चला जाता है। पत्तियों को चूमता है। उन्हें बड़े ध्यान से, बड़े मनोयोग से देखता है। गोया वह कोई पत्ती नहीं उस की माशूका हो। वह कोई नन्हा बच्चा हो, और पत्ती उस की मां हो। मंत्रमुग्ध वह वनस्पतियों से ऐसे ही मिलता है इस चुप की राजधानी में। विनय उसे ऐसा करते देख विह्वल हो जाता है।

बुद्ध की एक तपोस्थली की गोद में बसे सुदूर एक गांव में स्थित यह शिविर है भी ऐसे एकांत में कि आस-पास से कोई शोर नहीं आता। कोई गाना, कोई संगीत भी नहीं। दूर-दूर कुछ गांव दिखते हैं। नहर भी है एक पास में। गेहूं और गन्ने के हरियाली भरे खेतों के बीच बसे इस शिविर में कुछ फूल हैं, कुछ पौधे हैं, वृक्ष और वनस्पतियां हैं। जैसे उन्हीं के पत्तों की सरसराहट है, उन्हीं की ध्वनि है, उन्हीं की बोली है। तो क्या यह फ्रांसिसी उन की भाषा समझता है?

क्या पता?

एक आस्ट्रेलियायी है। दोपहर के भोजन के समय जब वह बैठता है डाइनिंग हाल में तो विनय उस के खाने के अंदाज़ को देखता रहता है। बड़े निर्विकार ढंग से वह रोटी को मेज़ पर फैलाता है। पहले थोड़ा दाल-चावल खा लेता है। फिर सब्जी भी उस में सान लेता है। और फिर रोटी में लपेट कर रोटी-रोल बनाता है और जैसे वह कोई शिशु हो, इतने चाव से खाता है कि मन मगन हो जाता है। कोई अधेड़ व्यक्ति शिशु बन कर इस तरह खाना खा सकता है और वह भी रोज-रोज ? जैसे खुद ही मां हो, खुद ही बच्चा। यह शिशु सी अबोधता और रोटी-रोल में मां का दुलार का कंट्रास्ट भी अदभुत है। एक साधु है गेरुवाधारी है। युवा है और सिंगापुर से आया है। वह जाने क्यों दोनों हाथ से खाता है। ऐसे जैसे खाना नहीं खा रहा हो दोनों हाथ से गेंद खेल रहा हो। ऐसे जैसे भोजन से पहली बार भेंट हो रही हो। किसी जादूगर की तरह। कई बार कुछ उस की दाढ़ी में भी लग जाता है। पर उसे इस सब की परवाह नहीं। वह तो बस युद्धस्तर पर भोजन में निमग्न रहता है। ठीक इसी तर्ज़ पर ध्यान कक्ष में वह औरतों को भी अपलक देखता रहता है। बिना किसी शील-संकोच के। विनय सोचता है कि जब मौन टूटेगा तो वह उस से एक बार कहेगा ज़रूर कि अभी यह साधू बाना छोड़ दे। हालां कि उस की यह व्यग्रता सिर्फ़ भोजन और औरतों तक ही दीखती है। बाक़ी तो वह अपने ओढ़ने का कंबल तक रोज धो डालता है। साफ-सफाई का भी ख़ास ख़याल रखता है। पर उस का रोज-रोज कंबल धोना उसे समझ नहीं आता। ऐसा तो नहीं कि जिस व्यग्रता से वह औरतों को देखने में अपनी आंखें खर्च करता है तो रात में सोने में स्खलित हो कर अपने कपड़े ख़राब कर डालता है। सो पाप-बोध में रोज कपड़ों के साथ कंबल भी धो डालता है। क्या पता? पर यहां साधना में तो ब्रह्मचर्य का पालन भी अनिवार्य है। तो क्या उस का ब्रह्मचर्य रोज-ब-रोज खंडित होता जाता है ? क्या भोजन और स्त्री से वंचित रहना इतना व्यग्र बना देता है आदमी को ?

अब ध्यान कक्ष में वह फ्रांसीसी व्यक्ति अचानक दिखना बंद हो गया है। उस की महिला मित्र भी नदारद है। अचानक ही दो महाराष्ट्रियन भी अनुपस्थित मिलने लगे हैं। धीरे-धीरे और भी दो एक लोग। यहां बीमारी के बहाने भी ध्यान से छुट्टी नहीं मिलती किसी भी को।

विनय को याद है कि एक बार जब वह विद्यार्थी जीवन में एन.सी.सी. के कैंप में गया था तब वहां भी सुबह-सुबह चार बजे उठा कर दौड़ा दिया जाता था। सुबह चार बजे से रात नौ बजे तक लगातार व्यस्त रखने की दिनचर्या थी। बहुत ही मेहनत, दौड़-भाग आदि की। बस भोजन, नाश्ता का ब्रेक और दोपहर में एक घंटे का विश्राम। ज़रा-ज़रा सी ग़लती पर राइफ़ल हाथों में उठा कर खड़े होने या दौड़ने की सज़ा मिल जाती थी। कई बार कोई लड़का अगर बीमारी का बहाना ले कर परेड में जाने से छुट्टी पाना चाहता था तो छुट्टी तो मिल जाती थी। पर साथ ही वह भोजन से वंचित भी कर दिया जाता था। अंडा, दूध, ब्रेड के भरोसे। वह भी बहुत सीमित मात्रा में। तो भूख सताती थी। तो रास्ता यह निकाला जाता था कि दो-तीन लड़के खाने के समय एक-एक या दो-दो रोटी चुरा कर अपनी ज़ेब में रख लेते थे। और 'बीमार' को ला कर दे देते थे। पर यहां यह सब मुमकिन नहीं था।

एन.सी.सी. कैंप में जाने से पहले विनय सेना में जाने के सपने देखता था। पर उस कैंप में इतनी भूसी छूट गई कि विनय ने सेना में जाने का इरादा बदल दिया। तो इसी तरह इस विपश्यना शिविर में आने के पहले वह पत्नी से जब नाराज होता तो गुस्से में कहता रहता था कि घर छोड़ कर संन्यासी बन जाऊंगा। पर अब यहां भी बैठे-बैठे ध्यान में इतनी भूसी छूट गई थी कुछ दिन में ही कि संन्यासी बनने का उस का इरादा हमेशा के लिए मुल्तवी हो चुका था। अब तो यह था कि जल्दी से जल्दी शिविर समाप्त हो और वह घर भागे। सांस, सांस का स्पर्श, ध्यान, मन पर नियंत्रण, तटस्थ भाव या साक्षी भाव से खुद को देखना दिन पर दिन कठिन होता जा रहा था। आंख बंद कर चार पांच मिनट तो किसी तरह आधा-अधूरा निभ जाता, सांस और

सांस से खुद को स्पर्श करना, साक्षी भाव से खुद का निरीक्षण करना। एकाध बार इस प्रक्रिया में स्वर्गानुभूति भी होती भीतर से। लगता कि किसी दूसरी ही दुनिया में आ गए हैं। पर जल्दी ही मन भटक जाता।

मन देह को साक्षी भाव से देखने, देह की भंगिमा या स्फुरण को तटस्थ भाव से देखने के बजाय घर-परिवार की समस्याओं, व्यक्तिगत बातों, दफ़्तर के कमीनों से कैसे छुट्टी पाएं, पार पाएं आदि की बातों में भटकने लगता। या फिर इस सब से भी छुट्टी मिलती किसी तरह तो आंख बंद किए-किए विनय नींद के हवाले हो जाता। कभी आधी नींद, आधी चेतना में वह डूबता-उतराता, नाक बजाने लगता। तो कोई कार्यकर्ता आ कर हाथ पकड़ कर जगाता। लेकिन सब कुछ हो जाता, ध्यान ही क़ायदे से, ईमानदारी से नहीं हो पाता। वह सोचता कि कोई गृहस्थ भला घंटों-घंटों ध्यान कैसे कर सकता है? वह अपने आप से ही पूछता कि संन्यासी होना भला इतना कठिन होता है? और फिर यहां तो बस एक ध्यान के अलावा किसी और बात की चिंता भी नहीं करनी थी। बना-बनाया भोजन-पानी, आवास, बिजली आदि की व्यवस्था थी। जंगल आदि में होने वाली किसी किस्म की समस्या नहीं थी। सारी सुरक्षा थी। तो पर्वत, वन आदि जगहों पर जब लोग तपस्या करते होंगे तो भला कैसे करते होंगे? कैसे खाते-पीते होंगे ?

विनय यह सोच कर ही मुश्किल में आ जाता। जैसे किसी युवा होती लड़की के लिए उस का वक्ष ही भार हो जाता है, ठीक वैसे ही विनय के लिए यह साधना भी भार हो चली थी। वह बैठा है ध्यानकक्ष में और एक विदेशी महिला को आना-पान करते निहार रहा है। आना-पान करते यानी सांस लेते-छोड़ते उस के भारी वक्ष भी तेज़ी से हिल रहे हैं ऊपर नीचे होते हुए। जैसे कोई केले का पत्ता हिले। ध्यान छोड़ कर वह यही सब देख रहा है, समझ रहा है। किसी का नितंब, किसी का वक्ष और सोच रहा है कि गोरी चमड़ी आख़िर इतनी उन्मुक्त कैसे हो जाती है? क्या यह उन्मुक्त

होना गोरे-काले के नस्लभेद से भी कहीं जुड़ा है? वह अचानक सामने बैठे आचार्य को देख रहा है और पा रहा है कि चोर नज़रों ही से सही वह भी गोरी चमड़ी की उन्मुक्तता का भरपूर लाभ ले रहे हैं। विनय ने उन को यह लाभ लेते देख लिया है, यह बात जानते ही आचार्य ने आंखें कस कर मींच ली हैं। विनय ने भी। आचार्य के टेप की आवाज़ में वह डूब गया है। अजब आनंद है इस आवाज़ में भी। इतनी सतर्क, इतनी स्पष्ट और इतने व्यौरे में सनी, किसी नाव की तरह थपेड़े खाती, बलखाती आवाज़ से इस से पहले वह कभी नहीं मिला था। आरोह-अवरोह और श्रद्धा का ऐसा मेल, जैसे कानों में जलतरंग बज जाए, जैसे कोई मीठी सी हवा कानों में चुपके से स्पर्श कर जाए। लगता है वह देवलोक में पहुंच गया है। आचार्य की आवाज़ पंडित शिव कुमार शर्मा के संतूर सी शहद घोलती कानों से दिल में उतरती जाती है। आंख बंद कर उसे सुनते और गुनते जाने का अलौकिक आनंद उसे तर-बतर किए जा रहा है। आहिस्ता-आहिस्ता और आहिस्ता। पर थोड़ी देर में उस की नाक बज गई है।

वह उठ कर बाहर आ गया है।

अंगरेज लड़का बाहर से भीतर जा रहा है, मुसकुराता, हाथ जोड़ कर झुक कर विनय को, विनय भाव से प्रणाम करता हुआ। वह भीतर चला गया है और विनय को सहसा बेटे की याद आ गई है। फ़र्क बस यही है के इस के चेहरे पर दाढ़ी है, बेटे के नहीं। पर यही मासूमियत, यही बेलौसपन, यही लोच, यही विनम्रता और लंबाई भी यही है। विनय एक चबूतरे पर बैठ जाता है। आंखें बंद कर बेटे की याद में खो जाता है। उस बेटे की याद में जिस से आजिज़ आ कर वह इस विपश्यना शिविर में आ गया है। शांति की तलाश में। और शांति है कि मिलती नहीं। नींद मिलती है। जैसे माघ महीने की धूप उसे लोरी गा कर सुला रही है। वह बैठे-बैठे फिर सो गया है।

विनय को इतनी नींद क्यों आती है भला? वह शायद सपने में ही अपने आप से ही पूछ रहा है कि सोने के कमरे में तो सोता ही है।

सुबह हो या दोपहर जैसे कोई मां लोरी गा कर बच्चे को सुलाती है, कोई एक कार्यकर्ता उसे रुनझुन घंटी बजा-बजा कर जगाता है। लगभग रोज ही। बड़े वाले घंटे से तो वह सिर्फ़ सोचता है कि जग जाए। पर सोच कर सो जाता है। फिर बेचारा कार्यकर्ता रुनझुन घंटी बजाता है। दो-तीन मिनट में वह उठता है तो कार्यकर्ता झल्लाता नहीं मुसकुराता है। कश्मीरी है। और उस के चेहरे पर जैसे कश्मीरी सेब की लाली छा जाती है। ध्यान कक्ष में भी वह जब तब नाक बजा देता है। और अब ध्यान कक्ष छोड़ वह चबूतरे पर बैठा ऊंघ रहा है। विपश्यना की जगह एन.सी.सी कैंप होता यह तो राइफ़ल उठा कर फ़ील्ड के जाने कितने चक्कर काटने को उस्ताद बोल देते। पर यहां इस विपश्यना में आचार्य ऐसा कुछ नहीं करते।

कमरे में कैलेंडर भी नहीं है कि वह तारीख़ देख कर तय करे कि कब जाना है। मन में वह दिन की गिनती भूल गया है कि कब आया और कब लौटना है? अख़बार, टी.वी. से भी मुलाक़ात नहीं है। बैठे-बैठे पीठ और कमर टूट कर दर्द के मारे जैसे धनुष बन जाना चाहते हैं। तो ऐसे में किसे और कैसे भला दिन की भी याद रहे ? कम से कम विनय को तो याद नहीं। किसी और को हो तो हो। तो क्या इसी तरह अगर वह कुछ दिन और जो रहा तो सब कुछ भूल जाएगा? भूल जाएगा अपनी यशोधरा, अपने पुत्र को भी? हो जाएगा बुद्ध? बुद्ध बन कर शुद्ध हो जाएगा? क्या ऐसे ही भूल गए थे बुद्ध अपने परिजनों को? अगर भूल ही गए थे तो वह तप कर के किस को ढूंढ रहे थे? यह कुछ ढूंढने का तप था या कुछ भूलने का ? कभी कपिलवस्तु, कभी श्रावस्ती, कभी सारनाथ तो कभी कुशीनगर। डगर-डगर, नगर-नगर घूम कर वह सब को भूल रहे थे कि याद कर रहे थे? वह तो अपने ही को भूलना सीख रहे थे, सिखा रहे थे कि भूल जाओ अपने आप को भी। साक्षी भाव से, तटस्थ भाव से देखो। खुद को भी। दुख हो, सुख हो, उस को महसूस मत करो। बस देखो और आगे निकल जाओ।

कितना आसान है यह बता देना और सिखा देना? और कितना कठिन है इसे अंगीकार करना ?

सच बतलाना बुद्ध तुम इसे कैसे स्वीकर कर पाए थे? कैसे सीख पाए थे? क्या सिर्फ़ विपश्यना से? अच्छा जो सीख ही गए थे, भूल ही गए थे अपने आप को भी तो क्या करने गए थे बरसों बाद अपने उस राजमहल में भी? क्या सिर्फ़ भिक्षा मांगने ही? और यशोधरा से भी उस का बेटा ले लिया था भीख में? यह तुम्हारा तप था बुद्ध? कि यशोधरा का त्याग? कि उस ने दिया भी तो तुम्हें अपना एकमात्र आसरा अपना प्रिय बेटा ही दिया। यह कह कर कि इस से अमूल्य और इस के सिवाय मेरे पास और क्या है जो तुम्हें दे दूं? और तुम ने ले लिया था बेटे को। सच-सच बतलाना बुद्ध क्या तुम बेटा लेने ही तो नहीं गए थे अपने राजमहल? अच्छा जो वह संतान बेटा नहीं बेटी होती, तो भी क्या तुम उसे भिक्षा में ले लेते? विनय मन ही मन पूछता है। वह एक शाम आचार्य से इस पर चर्चा भी करना चाहता है। पर आचार्य इस बिंदु पर बहस से, चर्चा से कतरा जाते हैं। यह कह कर कि बात सिर्फ़ विपश्यना पर ही हो सकती है। वह भी बहस भाव में नहीं। सिर्फ़ प्रश्न और उत्तर की शकल में। संक्षिप्त में। और उन के पास हर सवाल का जवाब सिर्फ़ विकार और विकार मुक्ति में ही होता है। विनय को यह बात कुछ जमती नहीं।

वह फिर साधना में डूब गया है। भूल गया है देह का दर्द। मन से अब वह बैरागी हो रहा है। बैराग से अनुराग हो गया है। अब वह सांस को आते-जाते सिर्फ़ साक्षी भाव से देखने लगा है, देखना सीखने लगा है। आचार्य सत्यनारायण गोयनका का वीडियो प्रवचन उसे लुभाने लगा है। आचार्य अपनी हर बात के लिए तर्क में डूबी उपकथाओं का सहारा लेते ही रहते हैं। किसिम-किसिम की कथाएं। रोचक कथाएं। बिल्कुल आचार्य रजनीश की शैली में। पहले कथा फिर तर्क और अकाट्य तर्क। कि जैसे आप बात को गांठ बांध लें। भूलें नहीं। कथा रस में पगी बातें सीधे मन को छूती हुई

भीतर तक जाती हैं। तो अगर यह कथा याद रह जाती है तो देह में या मन में हो रही प्रतिक्रियाओं को वह कैसे भूल जाए? या भूल जाने का नाटक करे? कि हां मैं साक्षी भाव से देख रहा हूं। खुजली हो रही है देह में भी और मन में भी और भूलने का स्वांग चल रहा है। तो यह ध्यान अभिनय है कि साधना ? विनय मन ही मन पूछ रहा है। आचार्य हर कथा या बात के बाद जैसे संपुट के तौर पर या कहिए सूत्र वाक्य या स्लोगन के तौर पर दुहराते या तिहराते ही रहते हैं कि, यह भी गुज़र जाएगा ! और फिर विनय हर बार मन में पूछता है अपने आप से कि जब सब कुछ गुज़र ही जाएगा तो बाक़ी क्या रहेगा? समय अच्छा हो, बुरा हो गुज़र ही जाता है। पानी गुज़र जाता है पर पत्थर पर निशान छोड़ जाता है। तो क्या यह निशान ही इतिहास होता है? तो इतिहास शेष रह जाता है। हार जीत शेष रह जाती है। उस की कथाएं शेष रह जाती हैं। और जब इतिहास शेष रह जाता है, कथाएं शेष रह जाती हैं, तब गुज़र क्या जाता है? सिर्फ़ दुख या सुख? कि कुछ और? उस के इस सवाल का समुचित जवाब उसे नहीं मिलता। मन के किसी कोने-अतरे से भी नहीं।

वह अनुत्तरित बैठा है ध्यान कक्ष में। ध्यान में लीन। अब वह गोरी अधखुली-अधनंगी विदेशी औरतों को भी नहीं देखता, नहीं देखता उन की देह के उभार या उतार-चढ़ाव। देह का बुखार और उस की खुमारी उतर गई है उस के मन से। वह ध्यान में रमा हुआ साक्षी भाव से अपना ही निरीक्षण करता है। उसे लगता है, अपने मक़सद में क़ामयाब है वह। इस शिविर को साध लेगा अब वह।

पर क्या सचमुच ?

सचमुच ऐसा नहीं था। सच तो यह था कि वह खुद को ही नहीं साध पा रहा था। शिविर क्या ख़ाक साधता। लेकिन शिविर में वह था। ख़ुद वह भले ठहरा हुआ था पर शिविर जैसे उस के भीतर नदी की तरह बह रहा था।

इस नदी को वह संभाल नहीं पा रहा था। नदी उस के भीतर तनाव रोप रही थी। अपना निरीक्षण करने की जगह अब वह इस अपने भीतर के तनाव का निरीक्षण कर रहा था। तनाव का निरीक्षण करते-करते वह इतना ध्यानमग्न हो जाता कि बैठे-बैठे ऊंघने लगता। ऊंघते ऊंघते उस की नाक बजने लगती। ध्यान की यह कौन सी नदी है भला। जो तनाव में भी नींद की नाव में बिठा देती है। अचानक आचार्य का सहयोगी उसे हिला कर नींद की इस नाव से उतार लेता है। जब-तब वह ऐसा करता रहता है। क्यों कि नींद की नाव जैसे उस की सहयात्री है। सुख हो दुःख हो, कुछ भी हो नींद की नाव उसे बड़े मनुहार से बुला कर बिठा लेती है। कभी नदी पार नहीं होती पर नाव, नींद की नाव, नदी में मिलती रहती है। वह कभी मना नहीं करता। नींद से बड़ा सुख है कौन सा भला। क्यों मना करे भला। नदी भीतर तनाव भरे और नींद की नाव मिल जाए, नदी पार हो न हो, तनाव पार हो जाता है। फिर नदी पार करने की सुधि है भी किसे। चुप की इस राजधानी में शिविर की नदी भीतर तनाव रोपे, ऐसे में नींद की नाव मिल जाना भी क्या है भला। शिविर के लक्ष्य को ध्यान की डगर को डग भर सही भटकाना और भटकाना ही है। मन के भीतर मचे शोर को मौन दबा सकता है ? लोग कहते हैं, मौन में बड़ी शक्ति होती है। तो मौन, मन के शोर को क्यों नहीं शांत कर पाता। किसी चट्टान से सागर की लहरों की तरह पछाड़ खाता यह शोर बढ़ता ही जाता है। विपश्यना के वश का भी नहीं लगता यह शोर।

शोर !

बचपन में घर में एक तोता था। चाचा जी ले आए थे। तोते का पिंजरा जाने क्यों वह विनय से ही धुलवाते। तोते को नहलाते समय कई बार विनय का मन होता कि पिंजरा धीरे से खोल कर तोते को उड़ा दे। यह रोज-रोज उसे नहलाने-धुलाने की बेवकूफी से छुट्टी। फिर घर में घूमती बिल्ली दिख जाती या याद आ जाती तो तोते की जान का ख़तरा दिख जाता। तो वह तोते को उड़ाने का फ़ैसला लगभग रोज ही मुल्तवी कर देता।

कि कहीं बिल्ली का शिकार न बन जाए तोता। जाने उड़ना भी भूल गया हो। क्यों कि बंद कमरे में पिंजड़े से निकाल कर तोते को टहलाना भी उस का खेल था। पिंजड़े से निकल कर भी तोता किसी शिशु की तरह ठुमक-ठुमक कर चलता। इतना कि ठुमक चलत रामचंद्र, बाजत पैजनिया! का भजन गायन याद आ जाता। लेकिन तोता कमरे में उड़ता नहीं था। तो क्या वह उड़ना भूल गया था या खुली हवा नहीं मिलती थी, इस लिए नहीं उड़ता था। चाचा को उन्हीं दिनों सप्ताह में एक दिन मौन व्रत रहने का भी सूझ गया था। किसी ने उन्हें सलाह दी थी कि एक दिन मौन व्रत रहने से झूठ बोलने में कमी आती है। मन शांत रहता है। आदि-इत्यादि। दिन भर मौन व्रत रह कर रात में बिना नमक का भोजन कर वह मौन व्रत तोड़ते थे। अमूमन दूध रोटी या पूड़ी-हलवा वह खाते। लेकिन विनय ने देखा कि चाचा मौन व्रत में संकेतों में ज़्यादा झूठ बोलते थे। जैसे कि अगर कोई उन से पूछ ले कि फला को अभी देखा है क्या ? तो भले ही उन्हों ने उसे देखा हो, संकेतों में हाथ हिला कर या सिर हिला कर, मुंह पिचका कर, मना कर देते। तो इस तरह वह भले बोलते नहीं थे पर झूठ बहुत बोलते थे। उन के मौन व्रत का झूठ न बोलने का लक्ष्य इस तरह बार-बार टूट जाता था। बल्कि ज़्यादा टूट जाता था। पर उन के मन में यह शोर रहता कि वह झूठ से एक दिन बचे रहे।

इस शोर का कोई कुछ नहीं कर सकता था। वह भी नहीं।

विपश्यना शिविर में विनय भी अपने मौन के शोर को अब संभाल नहीं पा रहा था। मौन का बांध जैसे रिस-रिस कर टूटना चाहता था। शोर की नदी का प्रवाह तेज़ और तेज़ होता जाता था। देह का दर्द अब बर्दाश्त होने लगा था। ध्यान का कुछ आनंद भी आने लगा था। पर शोर का सुर ?

शाम का ध्यान सत्र चल रहा था। रोज की तरह सिंगापुरी साधू बात-बेबात साधु-साधु उच्चार ही रहा था कि अचानक एक स्त्री, 'का करबे रे !

का कै लेबे हमार ! हमें जिए देबे कि नाई ! यह स्त्री ऊंची आवाज़ में लगातार बोले जा रही थी, 'हमहूं तोंके नाई रहे देब ! मारि देब ! मारि देब ! अब हमार टाइम आ गइल ! हमार टाइम आ गइल !' कहती हुई लगभग झूमने लगी। झूमती हुई लगातार ऐसे ही सब कुछ एब्सर्ड बोलती रही। बेसुध हो कर झूमती हुई। पूरे ध्यान कक्ष का पिन ड्राप सन्नाटा एक सांघातिक तनाव में डूब गया ! उस स्त्री का विलाप जैसे ध्यान कक्ष की छत को तोड़ते हुए आकाश में छेद कर देना चाहता था। स्त्री के विलाप में पूरा ध्यान सत्र डूब गया। तमाम विदेशी तो औचक उस स्त्री को देखने लगे। मुंह बा कर देखने लगे। एकदम चकित भाव से। विनय लेकिन चकित नहीं था। वह बचपन में अपने गांव में ऐसे अनेक दृश्य देखने का अभ्यस्त रहा था। अमूमन स्त्रियों को जब चुड़ैल या भूत पकड़ता था तो सोखा-ओझा लोग बुलाए जाते। चुड़ैल और भूत भगाने के लिए। यह सोखा-ओझा टाइप लोग स्त्रियों को मार-पीट कर भूत और चुड़ैल भगाते थे। लोहबान, लाल मिर्च आदि आग में जला कर स्त्री के मुख के पास एक मिट्टी के बर्तन में ले जाते थे। स्त्री मिर्च को आग में बर्दाश्त नहीं कर पाती। चीखने-चिल्लाने लगती। सोखा उसे गंदे से चमरौधा जूते से मारते। लगातार मारते। स्त्री झूमने लगती। चिल्लाने लगती। ऐसे ही कुछ एब्सर्ड बातें करने लगती। कि अब की छोड़ब नाई ! सोखा पूछता कहां से अइली, कब जइबी ! जल्दी जो ! फिर कुछ अस्पष्ट बातें बुदबुदाता। झाड़-फूंक करता। चला जाता। यह क्रम कई बार कुछ दिन तक चलता और अंततः चुड़ैल या भूत भाग जाने का ऐलान सोखा कर जाता। लेकिन चुड़ैल कब फिर से स्त्री को पकड़ ले कोई नहीं जानता था। फिर वही सोखा, वही आग में लाल मिर्च, लोहबान और सोखा के चमरौधा जूते। स्त्री बेबस हो जाती। हार जाती सिर पर जूते खाते-खाते। बेसुध हो जाती।

जाने क्या था कि यह चुड़ैल अमूमन युवा स्त्रियों को ही शिकार बनाती। कभी-कभी बरम आदि का भी नाम लिया जाता। वह तो वयस्क होने के

बाद इस चुड़ैल, भूत और बरम की असलियत पता चली। कुछ स्त्रियों का मानसिक संताप चुड़ैल के बहाने ही विगलित होता।

कुछ स्त्रियां हिस्टीरिया की शिकार होती थीं। कुछ बचपन में शादी होने के बाद गौने की प्रतीक्षा में वासना की आग में झुलसती हुई अपनी ऐसी अभिव्यक्ति करतीं। कुछ युवा स्त्रियों के पति कमाने के लिए कोलकाता, मुंबई जाते। वहां से बरसों नहीं लौटते तो इन स्त्रियों की भी अपनी देह की आग थी। कुछ स्त्रियों के अवैध गर्भ को गिराने के लिए भी चुड़ैल, भूत, बरम के बहाने झाड़-फूंक मार-पीट का ड्रामा होता। ऐसी स्थितियों में सोखा स्त्री को लात से भी मारता। कई बार पेट पर भी लात मारता। कमोवेश सभी गांव में चुड़ैल, भूत, बरम के कुछ क़िस्से होते रहते थे। तब के दिनों यह आम बात थी। पर यह सब बरसों पहले से अब गांव में पूरी तरह समाप्त हो चुका है। ज़माने बाद अब वह इस विपश्यना के ध्यान सत्र में यह सब देख रहा था। स्त्री ग्रामीण पृष्ठभूमि की ही निम्न मध्य वर्ग की लग रही थी। सांवली सी सामान्य सी उस जैसी ही सीधा पल्ला लिए, माथ पर पल्लू रखे, उस के साथ दो और स्त्रियां भी थीं। शायद उस का मानसिक संताप ठीक करने के लिए परिवार के लोगों ने उसे इस विपश्यना शिविर में भेजा था। यह तीनों स्त्रियां स्थानीय स्त्रियां लग रही थीं। बोली, वस्त्र आदि उन का सब कुछ देशज ही था।

यह सब कुछ जब घटा तो उपस्थित आचार्य भी क्षण भर के लिए सकते में आ गए। बज रहा आडियो लेकिन बजता रहा। ध्यान के बाबत निर्देश देता हुआ। पर आचार्य तुरंत सक्रिय हुए। जल्दी ही वह सभी को संबोधित कर कहने लगे कि आप सभी अपने-अपने ध्यान में संलग्न रहें। आंख बंद रखें। सांस को नियंत्रित रखें। सांस का स्पर्श करें। आदि-इत्यादि। जल्दी ही वहां उपस्थित कार्यकर्ताओं ने उस स्त्री को उठा लिया। स्त्री बोलती रही, 'हम कहीं नाईं जाइब ! हम सब एहीं बताइब ! कुल बताइब !' वह पूरी

विकलता और उग्रता के साथ झूम रही थी। स्त्री के सब्र और ध्यान का बांध पूरी तरह टूट चुका था। पर कार्यकर्ताओं ने स्त्री की एक न सुनी। ध्यान कक्ष से उसे बाहर उठा ले गए। उस के साथ की दोनों स्त्रियां भी बहुत संकोच और खीझ के साथ उठीं उस के साथ बाहर जाने के लिए। पर आचार्य ने उन्हें बोल कर रोक दिया। कहा कि, 'आप लोग यहीं रुकें। अपना ध्यान जारी रखें।' दोनों स्त्रियां रुक गईं। पर लाचार देखती रहीं, उस स्त्री का ध्यान कक्ष से जाना देखती रहीं। ऐसे जैसे बकरे की अम्मा हों, वह दोनों। बकरे की अम्मा, कब तक ख़ैर मनाएगी कहावत को चरितार्थ करती हुई।

जाहिर है कि साथ की यह स्त्रियां उस स्त्री का दुःख, संताप और कष्ट भी ज़रूर जानती रही होंगी।

क्या दुःख रहा होगा उस स्त्री का भला ?

विनय भी आंख बंद किए उस स्त्री के ध्यान में डूब गया है। वह सोच रहा है कि सीधे पल्ले में सिर पर पल्लू रख कर रहने वाली इस गंवई स्त्री को कौन सा तनाव इस विपश्यना शिविर तक ले आया है। कहीं यह भी यशोधरा तो नहीं है। अपने बुद्ध से बिछड़ी यशोधरा। इस का सिद्धार्थ भी इसे छोड़ कर कहीं दूर चला गया है ? उस अपने बुद्ध के विरह में झूमने, झूम कर अपना दुःख बता गई। पर ध्यान सत्र जारी है। निर्बाध। वह सांस नियंत्रित करते-करते ध्यानस्थ हो गया है। इतना कि नींद की नाव पर सवार हो कर अपने गांव पहुंच गया है। सोखा मार रहा है एक युवा स्त्री को अपने जूते से धड़ाधड़ मारता ही जा रहा है। स्त्री कह रही है, पूरे ज़ोर से कह रही है, 'हम नाई जाइब !' उस की नाक बज रही है और ध्यान सत्र भी जारी है। एक कार्यकर्ता उसे झिझोड़ रहा है। ध्यान सत्र समाप्त हो गया है।

ध्यान सत्र के बाद दो-तीन लोग रुक गए हैं, आचार्य से अपनी कुछ जिज्ञासाओं के समाधान ख़ातिर। एक-एक कर लोग अलग-अलग बात कर रहे हैं आचार्य से। एक आदमी धीरे से पूछता है, 'उस औरत को क्या हो गया था ?'

'कुछ नहीं।' आचार्य संक्षिप्त सा जवाब देते हुए कहते हैं, 'विकार था उस के मन में। निकल गया।'

'ऐसे भी कभी विकार निकलता है किसी का ?' वह आचार्य से पूछना चाहता है। पर नहीं पूछता। चुपचाप उठ कर चल देता है। बिना कुछ पूछे। आचार्य टोकते भी हैं कि, 'आप को कुछ पूछना था ?' वह न में सिर हिला कर हाथ जोड़ लेता है। आचार्य 'साधु-साधु !' कह कर विदा देते हैं।

आचार्य ख़ुद भी पढ़े-लिखे हैं। इंजीनियर हैं। एक बड़े प्रतिष्ठान में उच्च पद पर नियुक्त हैं। पर विपश्यना के लिए वह नौकरी से कुछ समय छुट्टी ले कर हर साल किसी न किसी शिविर में बतौर आचार्य उपस्थित रहते हैं। आचार्य ने आचार्य सत्यनारायण गोयनका से विपश्यना सिखाने की शिक्षा ली है। समर्पित हैं विपश्यना के लिए। निःशुल्क। अपने खर्च पर आना-जाना भी। मक़सद एक ही है विपश्यना के मार्फ़त लोगों के जीवन में सकारात्मक बदलाव लाना। आचार्य के चेहरे पर संतोष और संतुष्टि की रेखाएं परिलक्षित होती हैं। ध्यान के समय भी वह कम बोलते हैं। ज़्यादातर दिशा-निर्देश और विधियां तो आडियो से ही बताए जाते हैं। आचार्य बस परीक्षा में इनविजिलेटर की तरह उपस्थित रहते हैं। कि लोग ध्यान ठीक से न कर रहे हों, तो ठीक करवा दें। अनुशासन कायम रखें। ज़्यादातर लोग अनुशासन में वैसे ही निबद्ध रहते हैं जैसे सुर में संगीत और उस के साज़। होते हैं एकाध विनय जैसे अव्यवस्थित तो उन्हें आचार्य व्यवस्थित कर देते हैं। करते ही रहते हैं। ठीक वैसे ही जैसे लोकसभा अध्यक्ष, लोकसभा में सांसदों, मंत्रियों को व्यवस्थित करता रहता है।

वह आचार्य के पास से दूर चला आया है। क्यारियों में लगी फूल गोभी के फूल को देखता हुआ उस स्त्री के विलाप में डूबा हुआ है। कि अचानक एक गौरैया फुदकती हुई गोभी के फूल पर बैठ गई है। पंख फड़फड़ाती हुई। बेचैन सी। व्याकुल सी। तो क्या यह गौरैया भी अपने बुद्ध के विरह में है ?

क्या पता ?

सिद्धार्थ ने जब घर-परिवार छोड़ा था तब वह 29 वर्ष के ही तो थे। नवजात शिशु राहुल, पत्नी यशोधरा, माता-पिता और राजपाट छोड़ कर निकल गए थे। तो क्या उन के मन में भी कोई शोर था ? पर सिद्धार्थ के जाने के बाद यशोधरा के मन में जो शोर उठा, उस शोर का क्या ? क्या नवजात शिशु राहुल के मन में भी शोर नहीं उठा होगा। पिता से विछोह का शोर।

सीता याद आती हैं। जब लक्ष्मण उन्हें वन छोड़ने गए हैं। लक्ष्मण वन में पहुंच कर अचानक रथ को रोक देते हैं। रथ से सीता को उतारते हुए बताते हैं कि भइया का आदेश है कि आप को यहीं छोड़ दूं। पर सीता विचलित नहीं होतीं। क्यों कि लक्ष्मण उन के पास हैं। लेकिन जब लक्ष्मण रथ पर चढ़ कर चल देते हैं तब भी सीता विचलित नहीं होतीं। लक्ष्मण अचानक आंख से ओझल होते हैं तो जब तक उन का रथ दिखता रहता है, सीता तब तक विचलित नहीं होतीं। रथ ओझल होता है तो रथ का ध्वज दिखने लगता है। जब तक रथ का ध्वज दिखता रहता है, सीता विचलित नहीं होतीं। लेकिन जब रथ का ध्वज भी ओझल हो जाता है, सीता विलाप करती हैं। इतना ज़ोर से विलाप करती हैं कि दूब चर रहे मृग के मुंह से दूब गिर जाती है। आकाश में उड़ते पक्षी ठहर जाते हैं। वृक्ष की शाखाएं आपस में रगड़ खाने लगती हैं। मानो पूरा वन ही सीता के शोक में डूब जाता है। समूचा वन सीता के साथ विलाप करने लगता है।

तो क्या जब सिद्धार्थ यशोधरा को छोड़ कर गए तो लुंबिनी भी यशोधरा के साथ विलाप में डूबी थी ? यशोधरा के शोक में संलग्न हुई थी लुंबिनी ? कोई उत्तर नहीं है।

फिर अभी-अभी ध्यान कक्ष में जब वह स्त्री विलाप कर रही थी, तब कितने लोग उस स्त्री के विलाप में शामिल हुए ? क्यों नहीं हुए ? क्या इतने

तटस्थ हो गए, विपश्यना के रंग में इतने रंग गए। सांस में इतना रम गए कि विलाप की संवेदना से भी सुन्न हो गए। इतनी सफल विपश्यना। फिर तो बहुत ही सुंदर। मैथिलीशरण गुप्त यशोधरा में याद आते हैं; लिख रहे हैं :

सखि, वे मुझ से कह कर जाते,
कह, तो क्या मुझ को वे अपनी पथ-बाधा ही पाते ?
मुझ को बहुत उन्होंने माना
फिर भी क्या पूरा पहचाना?
मैंने मुख्य उसी को जाना जो वे मन में लाते।
सखि, वे मुझ से कह कर जाते।

यशोधरा की संवेदना में मैथिलीशरण गुप्त इतना खो जाते हैं कि इस एक कविता के मार्फ़त वह बुद्ध को भगोड़ा साबित कर देते हैं। लोक बुद्ध को भगोड़ा मान लेता है। तब जब कि सिद्धार्थ महीनों तैयारी करते हैं, संन्यास की। यशोधरा के साथ मिल कर तैयारी करते हैं। यशोधरा की सहमति ले कर घर छोड़ते हैं। जब रात घर छोड़ते हैं सिद्धार्थ तो यशोधरा जाग रही हैं। लेकिन एक कवि की कविता की ताक़त उसे भगोड़ा घोषित कर देती है। सिद्धार्थ को पत्नी का त्याग नहीं करना था यह सही है। पर भगोड़ा ?

तो क्या इस स्त्री के विलाप में भी कोई रहस्य है ? बुद्ध क्या रहस्य नहीं हैं ? रहस्य ही है यह विपश्यना भी। रात के प्रवचन वाले वीडियो में भी वह अनमना बैठा रहता है। रात में वह ठीक से सो नहीं पाता। रह-रह कर विलाप करती स्त्री सामने उपस्थित हो जाती है। कभी वह स्त्री, कभी यशोधरा। तो क्या वह भी अपनी पत्नी को छोड़ कर इसी तरह नहीं आया है। अपनी पत्नी का विलाप क्या वह ठीक से सुन पाता है। बिना विलाप के भी विलाप करती हैं स्त्रियां, क्या यह बात वह नहीं जानता। जानता है। पर पत्नी का विलाप अनसुना क्यों कर देता है। यशोधरा का विलाप सुन लेता है।

विपश्यना में इस स्त्री का विलाप उसे परेशान कर देता है। वह इधर से उधर अपने मन को मथ डालता है। जैसे दही को मथनी से मथे कोई स्त्री। पर पत्नी तो छोड़िए, क्या अपने ही विलाप को कभी स्वर दे पाता है। जब कि विलाप ही विलाप है जिंदगी में। किस की ज़िंदगी में विलाप नहीं है। वह सोचता रहता है लेटे-लेटे। करवट बदलते। भोर हो जाती है। घंटा बज जाता है। आदतन वह नहीं उठता। जगा हो कर भी नहीं उठता। यह कौन सा विलाप है। खुद ही जवाब देता है, आलस का विलाप। विपश्यना में ही विलाप नहीं होता। आलस का भी विलाप होता है। आलस का भी अपना सौंदर्यशास्त्र है। यह कम लोग जानते हैं। उस के दरवाज़े पर कार्यकर्ता घंटी बजा रहा है। लगातार। वह उठता है। हाथ जोड़ कर उस से क्षमा के स्वर में। कार्यकर्ता मुस्कुराता हुआ चला जाता है।

वह ध्यान सत्र में देर से पहुंचता है। आचार्य उसे ख़ास नज़र से घूरते हैं। यह कौन सा विलाप है। वह देख रहा है कल विलाप करने वाली स्त्री अनुपस्थित है। जब कि उस के साथ की दोनों स्त्रियां उपस्थित हैं। अब वह नेत्र बंद कर ध्यान में निमग्न हो जाना चाहता है। हो गया है। ध्यान के भीतर भी एक विलाप मुसलसल जारी है। जैसे मूसलाधार बारिश हो। अचानक उस का ध्यान टूटता है। आंख खुलती है। एक गोरी सी रशियन स्त्री के अकुलाए वक्ष पर उस की आंख धंस गई है। उस की स्लीवलेस बाहें जैसे बुला रही हैं। अब ऐसे में कैसे कोई ध्यान करे। जब मन में देह का ध्यान आ जाए तो सारे ध्यान बिला जाते हैं। सारे विलाप बिला जाते हैं। सारी विपश्यना बिला जाती है। बिलबिला जाती है।

नाश्ते का समय हो गया है। और यह देखिए वह अकुलाए वक्ष वाली रशियन स्त्री उस की मेज़ पर ही आ कर नाश्ता शुरू कर देती है। मुस्कुराती हुई। किसी पुष्प की तरह खिली हुई यह गोरी स्त्री भाषा से बहुत दूर है पर देह भाषा उस की बड़ी विकल है। उस की कोंपलों सी नर्म बाहें जैसे उसे उकसा रही हैं। इस डाइनिंग हाल में अब दोनों बाक़ी लोगों के ध्यान का

केंद्र बन गए हैं। जैसे एक ध्यान सत्र यहां भी शुरू हो गया है। यह हुस्न से ईर्ष्या का विलाप है। स्त्रियां ऐसे ही उसे जब-तब भटकाती रहती हैं। कभी-कभार वह भटक भी जाता है। स्त्रियों के साथ उस के यह भटकाव उसे चैन देते हैं। चुप-चुप। यह चैन वह भी इस चुप की राजधानी में बहुत अर्थवान हो गया है।

यह कौन सा शोर है। शोर है कि विलाप कि शोर और विलाप के बीच का कुछ। विपश्यना तो नहीं ही है। तो फिर क्या है ? क्या है यह ?

वह नाश्ते का बर्तन धोने सिंक के पास खड़ा है, अपनी बारी की प्रतीक्षा करते हुए। यहां अपने जूठे बर्तन धो कर, सूखे कपड़े से पोंछ कर रखना, सभी के लिए समान रूप से अनिवार्य है। उसे बर्तन धोने का बहुत अनुभव नहीं है। पर यहां दिन-प्रतिदिन हो रहा है। वह देख रहा है कि वह गोरी रशियन स्त्री भी अपने बर्तन लिए, ठीक उस के बग़ल में खड़ी हो गई है। मुस्कान में मृदुता है और आंखों में अकुलाहट। भूखी देह की अकुलाहट। वह ऐसे मिल रही है जैसे सोशल मीडिया पर स्त्रियां मिलती हैं। अपरिचय के समुद्र में गोता मारती परिचय की मोती तलाशती हुई। संकोच के समुद्र में खोया वह स्त्री की इस भंगिमा और मुद्रा के पाठ को ठीक से पढ़ नहीं पाता। वैसे भी स्त्रियां सर्वदा से ही उसे अपठनीय लगती रही हैं। जैसे उस का नाम विनय है, वैसे ही वह अपने विनय भाव में परिचय के मोती में ख़ुद को गंवाने के लिए परिचित पाता है।

सोशल मीडिया पर भी वह लंपटई की बैटिंग नहीं कर पाता तो वास्तविक जीवन में भी उस के लिए यह मुमकिन नहीं हो पाता। विनय भाव में तमाम लालसाएं दम तोड़ जाती हैं। फिर यह स्त्री तो वैसे भी समंदर पार वाली है। रशियन है। पर जाने क्यों उस के विनय के सागर में लहर बन कर उपस्थित हो गई है। हरहराती लहर। अपने औचक सौंदर्य में नहलाती हुई। कृपालु हो गई है। इतना कि बर्तन धोते हुए उस की कोंपल सी नर्म बाहें, उस की बाहों से स्पर्श कर जाती हैं, रह-रह कर। उस के नितंब भी उस

के जंघा प्रदेश को स्पर्श कर गए हैं। अचानक। विनय को स्त्री के मादक स्पर्श का एहसास है। आनंद भी ले रहा है। वह बर्तन धोते समय उस के उठते-गिरते-हिलते, धक-धक करते वक्ष पर भी मोहित हुआ जा रहा है। पर विनय को पूरा एहसास है अपनी गरिमा का भी। एहसास है कि चुप की इस राजधानी में आवाज़ भले सब की अनुपस्थित है पर आंखों का कैमरा, ध्यान और सांस से भी ज़्यादा सक्रिय है। यहां भी अन्य साधकों की आंख के कैमरे लांग शॉट, क्लोज शॉट लेते हुए तैनात हैं। वह अचानक सतर्क हो जाता है। वह इस विपश्यना शिविर में चरित्र नहीं बनना चाहता। चर्चा का केंद्र नहीं बनना चाहता। फिर सागर की लहरों का क्या है भला। लहरों को तो आता ही है यहां-वहां छोड़ना। स्त्रियों को देख कर मन में उठी लहरें भी कब कहां छोड़ दें, कौन जानता है।

बर्तन धो कर, पोंछ कर यथास्थान रख कर वह बहुत तेज़ी से डाइनिंग हाल से निकलता है। सीधे अपने कमरे में ही आ कर वह रुकता है। बिस्तर पर बैठते ही वह उस अनाम, अपरिचित स्त्री के मादक स्पर्श में खो जाता है। नयन मूंद लेता है। ऐसे जैसे वह रशियन स्त्री उस की बाहों में हो। वह लेट जाता है। खो जाता है बीते हुए अभी के पल में। ऐसे-जैसे अभी भी बर्तन ही धो रहा हो। उसे ध्यान कक्ष में पहुंचना है। पर वह बिस्तर पर नींद की आगोश में है। आगोश में है, उस रशियन सुंदरी के औचक सौंदर्य में। ऐसे, जैसे वह भी इस बिस्तर पर साथ हो। प्रेम के आकाश में पेंग मारती हुई। वह जैसे कोई झूला हो और वह रशियन स्त्री झूले पर बैठ कर पेंग मार रही हो। प्रेम के आकाश को छूने की लालसा में। वह जैसे ऐसे ही किसी सपने में खो गया है। नाक बज रही है और कमरे के दरवाज़े पर कार्यकर्ता घंटी बजाते हुए गुज़र गया है। ध्यान के लिए घंटा कब बजा उसे पता ही नहीं चला। लोग नाश्ता कर के नहाते-धोते हैं। वह सोता है। रोज ही सोता है। क्यों कि वह भोर में उठ कर दैनंदिन कार्यों के बाद नहा-धो कर क्षण भर की

सही पूजा कर के ही ध्यान कक्ष पहुंचता है। भोर में नहाने का एक नुकसान यह होता है कि इस सर्दी में गरम पानी नहीं मिलता। बाथरुम बिना गीजर का है। सुबह नहाने पर लकड़ी के चूल्हे पर गरम पानी मिल जाता है। पर गरम पानी के चक्कर में वह अपने नहाने का नियम नहीं बदलता। बर्दाश्त कर लेता है, ठंडा पानी इस सर्दी में भी। पानी डालते ही सिर सुन्न हो जाता है। देह गनगना जाती है। पर क्या करे वह। इसी तरह पूजा की भी मुश्किल है। किसी भी तरह की पूजा पर यहां सख़्त पाबंदी है। क्या तो ध्यान में भ्रम होता है और कि ध्यान खंडित होता है। क्या तो एक साथ दो पद्धति ठीक नहीं। मन घायल हो जाता है। पर मन ही मन पूजा करता है, वह हाथ जोड़ कर। मन पर किस की पाबंदी भला। मन कभी घायल नहीं होता। फिर मन और प्रेम पर किस की पाबंदी चली है कभी। जो अब चलेगी। बिना नहाए ध्यान करना भी उसे समझ नहीं आता।

गया था एक बार दार्जिलिंग। एक सुबह टाइगर हिल पर सूर्योदय देखना था। भोर में निकलना था। सूर्योदय देखना भी बिना नहाए मंजूर नहीं था उसे। ख़ुद तो वह नहाया ही, बच्चों को भी नहाने को कह दिया। थोड़ी देर हो गई। होटल और टैक्सी वाले शोर मचाते रहे, फ़ोन कर-कर के कि जल्दी-जल्दी ! पर थोड़ी क्या पूरी देरी हो गई। सूर्योदय देखा तो नहा कर ही देखा, टाइगर हिल पर। बिना नहाए सूर्य की उपासना कैसे हो सकती थी भला। जब पहुंचा टाइगर हिल तो सूर्य की लाली अभी फूट ही रही थी। कंचनजंघा की बर्फीली पहाड़ी पर सूर्य का वह उदय आज बरसों बाद भी मन में टटका है। ऐसे जैसे किसी कटोरे में सूर्य। श्वेत-धवल कटोरे में लाल-लाल सूर्य। सूर्य, जैसे शिशु। मन मुदित हो गया, प्रकृति की इस प्रार्थना पर। सूर्य की इस लालिमा पर। पर पता चला कि लोग सूर्योदय के पहले ही से, रात से ही वहां पहुंच कर डेरा डाले हुए थे। सूर्य के उगने से पहले ही। फिर देखा कि लोग पौ फटते ही चाय, पकौड़ी पर टूट पड़े थे।

पिकनिक था टाइगर हिल पर सूर्योदय भी उन सभी टूरिस्टों के लिए। लेकिन विनय के लिए सूर्योदय, सूर्य की उपासना थी। सूर्य को प्रणाम करना था उसे। उगते सूरज को प्रणाम के मुहावरे को बिना छुए या सोचे उसे सूर्य भगवान को प्रणाम करना था। इस लिए बिना नहाए वह नहीं गया। बिना नहाए वह कुछ खाता-पीता भी नहीं। नहा कर ही उस की सुबह होती है। नहा कर ही उस का दिन शुरू होता है। चाहे जब उठे। जल्दी उठे, देर से उठे। तो इस विपश्यना शिविर में नाश्ते के बाद सोना ही होता है। नहाना नहीं। सो कर वह उठता है और सीधे ध्यान कक्ष।

ध्यान कक्ष पहुंच कर वह पहले उस रशियन स्त्री को तलाशता है। वह तुरंत दिख जाती है। स्मित मुस्कान प्रस्फुटित करती हुई। जैसे स्वागत करती हुई अपनी इस डिवाइन मुस्कान से। आचार्य उस का रशियन स्त्री को देखना उस रशियन स्त्री की डिवाइन मुस्कान को एक साथ दर्ज कर रहे हैं अपने आंखों के कैमरे में। तो क्या डाइनिंग हाल के कैमरों ने उन तक बात पहुंचा दी है ?

क्या पता ?

आज विनय का मन ध्यान में कुछ ज़्यादा ही लग गया है। ध्यान का जैसे स्वाद मिल गया है उसे। सांस-सांस उसे प्रेम में डूबी हुई मिलती है। सांस भी, सांस का स्पर्श भी। सांस का ऐसा स्पर्श जो स्वर्ग की अनुभूति करवाता चल रहा है। निगाहों और बाहों में खो गया है विनय। सांस के सागर में वक्ष जैसे नौका है। वह आना-पान में विकल है और सोच रहा है महिलाएं जब इश्क़ करती हैं तो समझ आता है पर जब इश्क़ पर बात करती हैं तो हंसी आती है। इश्क़ करने के लिए है, बतियाने के लिए नहीं। इश्क़ की कोई परिभाषा नहीं होती। इश्क़ का कोई एक सेटिल्ड ला नहीं है। कि ऐसे करो तो होगा, वैसे नहीं होगा। इश्क़ की कोई एक राह नहीं होती। यह हाई वे भी हो सकता है, पगडंडी भी गड्ढे वाली सड़क भी, कोई तंग गली भी खेत भी, तालाब भी, बाग़ भी, आकाश, धरती, पानी कोई भी

राह दे सकता है। हवा भी। चांद, तारे, सूरज भी। विपश्यना भी। विपश्यना में भी प्रेम का आकाश अचानक उपस्थित हो सकता है, विपश्यना को फिर से खोज-खाज कर, धो-पोंछ कर पुन: उपस्थित करने वाले आचार्य सत्यनारायण गोयनका ने भी कभी नहीं सोचा होगा। हो सकता है कोई भी राह न दे इश्क़ की। सारे रास्ते बंद हो सकते हैं। घुप अंधेरे में भी राह मिल जाती है। चाह और राह में फ़ासला हो भी सकता है, नहीं भी।

इश्क़ सेक्स नहीं है कि ऐसे भी हो सकता है और वैसे भी या कैसे भी। इश्क़ तो जगजीत सिंह की गाई कोई ग़ज़ल सुन कर भी हो सकता है। लेकिन इश्क़ जगजीत सिंह की गाई ग़ज़ल भी नहीं है। इश्क़ तो तकिए पर टूटा हुआ बाल भी नहीं है कि कभी मिल जाता है, कभी नहीं मिलता। तकिए पर मिला काजल भी नहीं। इश्क़ काजल की धार भी हो सकती है, उन्नत वक्ष भी, दिल की तरह धुकुर-पुकुर करता किसी स्त्री का नितंब भी हो सकता है, किसी की आवाज़ भी, अंदाज़ भी। या ऐसा कुछ भी नहीं हो सकता है। इश्क़ तो गिलहरी है। इश्क़ तो बुलबुल है, कोयल भी तितली भी। कब कहां गा दे, गुलाब के कांटे की तरह कब चुभ जाए, कौन जानता है। तुम भी नहीं, हम भी नहीं। लता मंगेशकर भी नहीं। इश्क़ एक अनबूझ यात्रा है। बूझ समझ कर नहीं होती यह यात्रा। यह तो बस हो जाती है तो हो जाती है। नहीं होती तो नहीं होती। होती रहती है तो आनंद है। अलौकिक आनंद। वह एक मिसरा भी है न, इधर तो जल्दी-जल्दी है, उधर आहिस्ता-आहिस्ता। तो आहिस्ता-आहिस्ता भी एक फैक्टर है और जल्दी-जल्दी के भी क्या कहने। बस अपनी-अपनी सहूलियत है और अपना-अपना सलीक़ा। प्रेम हल्दीघाटी या पानीपत की लड़ाई भी नहीं है। यहां कोई तर्क काम नहीं आता। कुछ लोगों का शग़ल ही है बतिया कर ही रह जाना, सुन कर मजा लेना। बहुत से लोग थियरी से काम चलाते हैं, प्रैक्टिकल में उन की दिलचस्पी या क्षमता नहीं होती। अपना-अपना शौक़ है, अपनी-अपनी क्षमता। विनय की दिलचस्पी प्रैक्टिकल में रहती है। लंपटई की बैटिंग में नहीं।

तो क्या अभी आज सुबह से जो भी कुछ घट रहा है, उस रशियन स्त्री के साथ, क्या यह इश्क़ है ? विनय अपने आप से पूछ रहा है। वह जवाब भी देता है, 'क्या पता ?' फिर कहे किस से ?

मुमकिन है देह का आकर्षण भर हो।

उसे एक नन्हा बच्चा याद आता है। एक वीडियो याद आता है। नन्हा बच्चा, ठुमक चलत वाली उम्र में है। चलना बस सीखा ही है। एक साथ चार स्त्रियां घूंघट काढ़े एक ही जगह एक ही रंग की साड़ी में उपस्थित हैं। अपनी मां को तलाश करते हुए वह नन्हा बच्चा इन स्त्रियों में अपनी मां तलाश करता भटकता है। सभी चारो स्त्रियां उसे मां बन कर बुला रही हैं, हाथ के इशारे से। वह इधर-उधर भटकता हुए एक स्त्री के पास जाता है, मम्मा, मम्मा करते हुए। वह स्त्री उसे उठा कर अपनी गोद में बिठाना ही चाहती है कि नन्हा बच्चा छटक कर उस स्त्री की गोद से कूद जाता है। फिर उन स्त्रियों में अपनी मां पहचानने की कोशिश फिर से करता है। सभी स्त्रियां अभी भी घूंघट में है। पर वह हेरते-हेरते अपनी मां को पा जाता है और उस का हाथ पकड़ कर अपनी मां की गोद में समा जाता है, मम्मा, मम्मा कहते हुए। हंसती हुई वह स्त्री अपना घूंघट हटा देती है और खिलखिला कर बच्चे को चूम लेती है। बाक़ी स्त्रियां भी अपना-अपना घूंघट हटाते हुई हंसने लगती हैं। तो प्रेम तो असल में नन्हें बच्चे द्वारा घूंघट में सभी स्त्रियों के बीच अपनी मां को तलाश लेना ही है। प्रेम में अगर लोभ नहीं है, छल-कपट, गुणा-भाग, जोड़-घटाना नहीं है, शोषण और शंका नहीं है तो। प्रेम नन्हें बच्चे का प्रेम है। किसी दूब पर गिरे ओस के बूंद की तरह टटका।

रशियन स्त्री को यह सब कुछ बता देना चाहता है। पर कैसे बताए। संकेत में भी बात नहीं हो सकती। रशियन उसे आती नहीं। जाने उसे हिंदी आती है या नहीं। अंगरेजी भी उसे टूटी-फूटी ही आती। तो कैसे ? कैसे भला वह अपनी बात रखे, उस के सामने ? कागज़ और पेन है नहीं पास में कि लिख कर दे दे। मोबाइल भी नहीं कि लिख कर वाट्सअप कर दे।

तो क्या पत्ते पर किसी मिट्टी या ईंट के ढेले से लिखे ? फिर उसे याद आता है कि कोई बच्चा पहले अर्थ समझता है, शब्द और भाषा बाद में समझता है। तो क्या यह सब बताने की अकुलाहट उस रशियन स्त्री में भी है ? होगी ? या कि सब कुछ तात्कालिक है। उस की नाक फिर बज गई है। कार्यकर्ता उसे झिझोड़ कर जगा रहा है। पता नहीं क्यों जब कुछ ज़्यादा सोचता है विनय तो विचारों की सरणी में उसे नींद का नील गगन मिल ही जाता है। और वह किसी पंछी की तरह उड़ जाता है।

ध्यान का यह सत्र समाप्त हो गया है। दस मिनट का ब्रेक है। ध्यान कक्ष से निकल कर वह एक ऐसे चबूतरे पर बैठ गया है जहां से फूल गोभी का खेत मनमोहक दिख रहा है। हरी-हरी पत्तियों के बीच गोभी का फूल, अपनी देह फैलाता हुआ। पास ही गेंदे और गुलाब के फूल भी खिलखिला रहे हैं। बस सब की क्यारी अलग-अलग है। ऐसे जैसे एक आना हो, दूसरी पान हो। आना-पान। विनय अब फूल भी विपश्यना पद्धति से देखने लगा है। फिर यह सोच कर हंसने लगता है कि इतना विपश्यनामय ? शिविर के प्रबंधक भी खेत के दूसरी तरफ आराम कुर्सी पर पसरे अख़बार कम पढ़ रहे हैं, धूप ज्यादा सेंक रहे हैं। कि तभी वह रशियन स्त्री भी आ कर उसी चबूतरे पर दूसरे कोने पर बैठ जाती है। वह उसे कनखियों से देखते हुए भी ऐसे ऐक्ट करता है, गोया उसे देखा ही नहीं। वह लंदन वाला लड़का उस के सामने से गुज़रता है। सर्वदा की तरह झुक कर दोनों हाथ जोड़े प्रणाम की मुद्रा में मंद-मंद मुस्काता हुआ चलता चला जाता है। चबूतरे पर दूसरे कोने पर बैठी रशियन स्त्री को कनखियों से देखता हुआ निकल जाता है। अब वह स्त्री उस से मुखातिब है। उस के नयन कुछ बोलते बुदबुदाते से उसे देखते हैं। अधर बंद हैं जैसे पैंट की जिप हो। और यह जिप खुल जाने पर आमादा है। पर खुलती नहीं है। एक गिलहरी फुदकती हुई आती है और उस के पैरों के पास से निकल जाती है। वह मुस्कुरा पड़ता है, गिलहरी को फुदकते हुए देख कर। स्त्री को भर आंख देख कर मुस्कुराता है।

स्त्री का मुंह गोल हुआ है, जीभ टहलती हुई मिलती है। घूमती हुई दांतों के बीच। यह इसरार का इशारा है। वह कोई शेर पढ़ना चाहता है। पर इस चुप की राजधानी में पढ़े तो कैसे पढ़े भला। बज जाता है घंटा। ध्यान सत्र में पुकार का घंटा। ऐसे जैसे अज़ान होती है, नमाज़ के लिए। उसे आफिस के एक सहयोगी की याद आ जाती है। उस सहयोगी को अपने को सेक्यूलर दिखाने की बीमारी सी है। एक बार उस के अभिन्न मुस्लिम मित्र के सामने ही चुहुल में विनय ने पूछ लिया है कि नमाज़ और अज़ान में क्या फ़र्क़ है ? वह बोला, ' वेरी सिंपल ! सुबह वाली को अज़ान कहते हैं, शाम वाली को नमाज़ कहते हैं।

'और दोपहर वाली को ?' विनय ने मज़ा लेते हुए पूछा लेते हुए पूछा है। मुस्लिम मित्र को आंख मार कर चुप रहने का इशारा कर दिया है।

'अब इस बारे में पक्का नहीं मालूम कि अज़ान कहते हैं कि नमाज़?' वह बड़ी मासूमियत से बोला। इसी तरह वह एक बार अपने मुस्लिम मित्र को मोहर्रम की भी बधाई देने लगा, 'मोहर्रम मुबारक़ हो !' मुस्लिम मित्र शिया था। यह सुनते ही अकबका गया। और माथा पीट लिया। समझाया विनय ने कि, 'काहे मुबारक़वाद दे रहे हो ? '

'हमारी मर्जी !' वह भड़का, 'हमारी मर्जी !' आप की तरह संकुचित हृदय नहीं हूं। त्यौहार पर मुबारक़ पेश करना हमारा फ़र्ज़ बनता है। '

'अरे यह मोहर्रम त्यौहार नहीं है।' विनय ने चिढ़ते हुए बताया।

'तो क्या है ?' वह और भड़का।

'ग़मी का दिन है ! शोक का दिन है !'

'ओह !' वह मुस्लिम मित्र से हाथ जोड़ कर, 'सारी !' कह कर चुप हो गया।

इसी तरह फिर उसे बताना पड़ा कि अज़ान पांचों समय की नमाज़ के लिए होता है। अज़ान मतलब नमाज़ के लिए मस्ज़िद तुरंत पहुंचिए। एक तरह की पुकार है। निमंत्रण है अज़ान। नमाज़ तो चुपचाप होती है।

वह फिर मुंह लटका कर बैठ गया। बोला, 'आप को तो बस कोई बहाना चाहिए मुझे अपमानित करने के लिए।'

अब विनय इस पर क्या कहता भला। वैसे ही इस स्त्री को भी इसरार का बस कोई बहाना चाहिए। वह मुस्कुरा रही है। प्रत्युत्तर में वह भी उसे भर आंख देख कर मुस्कुरा रहा है। मुस्कुरा रहा है और चबूतरे से उठ रहा है ध्यान कक्ष में पहुंचने के लिए। ध्यान कक्ष के रास्ते में वह सोच रहा है कि इस रशियन स्त्री के वक्ष ज़्यादा पुष्ट हैं या नितंब ज़्यादा पुष्ट हैं। तय नहीं कर पाता। अपने स्थान पर बैठ जाता है। वह देख रहा है कि अभी ध्यान कक्ष में ज़्यादा लोग नहीं आए हैं। आचार्य भी नहीं। पीछे-पीछे लेकिन वह रशियन स्त्री आ गई है।

अपने हुस्न की बहार लुटाती हुई वह भी अपनी निर्धारित जगह बैठ गई है। धीरे-धीरे ध्यान कक्ष में सब लोग आ जाते हैं। आचार्य भी। आडियो बजने लगा है। उस ने नयन बंद कर लिए हैं सभी लोगों की तरह। नयन बंद हैं। नयन बंद कर लगता है ऐसे जैसे किसी अंधेरी गुफा में वह प्रविष्ट हो गया है। अंधेरा ही अंधेरा है। घुप्प अंधेरा। इस अंधेरे में अलौकिक आनंद है। आहिस्ता-आहिस्ता वह अंधेरे में दाख़िल हो रहा है। आना-पान जारी है और अंधेरे का सफ़र भी। सांस भीतर आ रही है, सांस बाहर जा रही है। वह सांस को आते-जाते स्पर्श कर रहा है। तटस्थ होने की सायास कोशिश भी जारी है। कभी सफल होती है यह कोशिश कभी असफल। पर सफ़र जारी है। सिलसिलेवार जारी है। अचानक उसे इस अंधेरे में भी उजाला दिखता है। बंद नयन के भीतर उजाला। अलौकिक सुख है यह तो वह पाता है जैसे गहरे जल के भीतर है। और जल के भीतर उजाला है। तो वह अंधेरी गुफा से कब बाहर निकला। कि गुफा के भीतर ही का यह जल है। वह जैसे अफना जाता है। पर नयन नहीं खोलता। नहीं खोलता कि कहीं यह अलौकिक सपना टूट न जाए। फिर सोचता है कि कहीं वह नींद की नौका

में तो नहीं सवार हो गया है और यह अलौकिक स्वप्न उसे घेर बैठा है। पर आना-पान जारी है। सो वह समझ जाता है कि यह नींद नहीं, समाधि है। वह ध्यान की पुष्पित-पल्लिवत अवस्था को प्राप्त करने की ओर अग्रसर है। सतत अग्रसर। ध्यान धारण करने का सुख है यह।

वह अपने युवा समय में अच्छा तैराक रहा है। अकसर नदी के गहरे पानी में जाता रहा है। कभी बीच नदी में नाव से कूद कर कभी किसी ऊंचाई से कूद कर। नदी की तलहटी में जा कर, धरती स्पर्श कर जल को चीरते हुए जल के ऊपर आने की यात्रा भी ऐसे ही अंधेरे से उजाले में आने की यात्रा बनती रही है। अलौकिक आनंद का सुख मिलता रहा है। रोमांच भी और आनंद भी। तो क्या नदी की तलहटी में जाना और गहरे जल में पैठ कर बाहर आना भी कोई साधना थी। अनजाने की साधना यात्रा। या यह विपश्यना की साधना, गहरे जल में उतरने की साधना है। जो उसे एक अलौकिक यात्रा पर ले जा रही है। नहीं जानता वह। पर उसे याद आता है कि शुगर के देह में आते ही डाक्टर की सलाह पर जब शुरू-शुरू में सुबह टहलने जाने लगा था बॉटेनिकल गार्डेन तो वहां एक छोटी सी झील थी। टहलने के मध्य ही वह उस झील के जल को ठहर कर थोड़ी देर रोज देखने लगा था। उस झील में कमल के फूल के बीच नीले खुले आकाश को देखना मन मगन कर देता था। झील में झुक कर थोड़ी देर आंख बंद कर अचानक आंख खोल कर जब वह सीधे जल को निहारता था तो लगता था जैसे कितना उजाला भर गया है उस के मन में। एक अलौकिक सुख से भर जाता था वह क्षण भर के लिए। तो क्या जल के भीतर विपश्यना तो साधना है। मान्यता है इसे अंगरेजी में लोग मेडिटेशन भी कहते हैं। देखना भी कोई साधना है। नहीं जानता। पर यह साधना की। ध्यान का नाम दे दिया गया है। मेडिटेशन और भी तरह के उस ने किए हैं। पर वहां यह अलौकिकता नहीं थी। ऐसी अलौकिकता। यह अलौकिक सुख उसे या तो संभोग में

मिला है, मिलता रहा है या फिर इस ध्यान में। हालांकि दोनों ही अतुलनीय हैं। अलग-अलग हैं। गहरे जल में ही उतरना है संभोग भी। गहरे जल में ही उतरना है यह ध्यान भी। मार्ग दो हैं। सुख भी दो अलग-अलग परिणतियां और अलग-अलग परिणाम भी।

फ़िलहाल वह ध्यान में है।

ध्यान है कि अमृत है। लगता है जैसे देह की सारी टूटन, सारी थकन इस ध्यान में विगलित हो गई है। दंभ, अहंकार, लोभ सब जैसे खंडित हुए जा रहे हैं। लगता है जैसे वह मर रहा है। मर कर मार रहा है अपने सारे दुःख। सारा विकार। गोरख जैसे कहते ही हैं, मरो वै जोगी मरौ, मरण है मीठा। / मरणी मरौ जिस मरणी, गोरख मरि दीठा ॥ यह मरना ही अमृत है। उसे लगता है जैसे विपश्यना की पहली सीढ़ी उस ने पा ली है। विपश्यना के आनंद और अमृत का स्वाद उसे मिल गया है। सांस सांस वह खुद को ख़ुद से अलग पाता जा रहा है। यह यात्रा नई है और रोमांचक। बिलकुल निजी यात्रा है। मन की यात्रा ऐसे ही होती है। अचेतन मन की यात्रा।

लंच के लिए यह ध्यान सत्र समाप्त हो गया है। वह फिर भी बैठा है। नयन बंद किए। लोगों के उठने जाने की हलचल उसे महसूस हो रही है। सहसा उस की यात्रा बंट गई है। एकाग्रता टूट गई है। उस की तटस्थता तिरोहित हो गई है। मन के भीतर बरस रहा अमृत ज़रा छलक कर रत्ती भर बाहर हो गया सा लगता है। वह उठ गया है। डाइनिंग हाल में जाने के बजाय वह अपने कमरे की तरफ चल पड़ा है। सब लोग डाइनिंग हाल की तरफ जा रहे हैं। वह अपने मन की यात्रा को अभी ज़रा जारी रखना चाहता है। कमरे में आ कर बिस्तर पर आंख मूंद कर लेट जाता है। यात्रा पुनः जारी है। मन की यात्रा। वह फिर जैसे गहरे जल में डूब गया है। अचानक वह रशियन स्त्री कूद पड़ती है इस बीच यात्रा में। वह टाल जाता है उसकी उपस्थिति को। यात्रा लेकिन भंग हो गई है। अंतर्यात्रा। फिर भी वह लेटा

हुआ है। अचानक उसे मां की याद आ जाती है। मां को याद करते-करते भोजन याद आ जाता है। वह उठता है, आहिस्ता-आहिस्ता। उठ कर चल देता है डाइनिंग हाल की तरफ। कुछ लोग डाइनिंग हाल से भोजन कर निकल रहे हैं। वह जा कर थाली उठा कर अपने लिए भोजन निकालने लगता है। भोजन ले कर एक मेज़ की तरफ बढ़ता है। बैठ कर इधर-उधर नज़र दौड़ाता है। रशियन स्त्री कहीं नहीं दिख रही। सिर झुका कर वह भोजन शुरू कर देता है। वैसे भी डाइनिंग हाल में अब चार-छ लोग ही शेष हैं। वह जल्दी से भोजन कर कमरे में आ कर सो जाता है। नाक बज रही है। पर ध्यान के लिए बुलाने खातिर घंटा बजने से नाक का बजना बंद हो जाता है।

हंसते हुए चेहरे के पीछे की उदासियां पढ़ने वाला विनय अब अपनी उदासियों के पीछे का सबब जानना चाहता है। ख़ुद को जैसे समझा रहा है कि बंधु, सच को स्वीकार करना सीखिए। सीख लीजिएगा तो कुछ गलतफहमियां दूर होंगी। अहंकार, तंज, कुंठा और कटुता से मुक्ति मिलेगी। नहीं, इन्हीं सब में टूट जाइएगा। सो वह अपनी ही सीख को सीख रहा है। तो क्या विपश्यना भी इस में कारगर हो सकती है ? मिल सकती है अहंकार, तंज, कुंठा और कटुता से मुक्ति ?

क्या पता !

ध्यान कक्ष में घुसते ही वह रशियन स्त्री बैठे-बैठे, मीठी सी स्माइल मारती हुई जैसे स्वागत करती है। आंखें भी उस की वाचाल हैं। विनय की चाल स्लो हो जाती है। यह कौन सा सच है बंधु ? कौन सी विपश्यना है यह ? वह जैसे ख़ुद से पूछता हुआ अपने आसन पर बैठ गया है। स्त्री होती ही है विकट। वह करे भी तो क्या करे। किसी तरह नयन बंद कर ध्यान मार्ग पर जाने की कोशिश करता है। पर बंद पलकों में आती-जाती सांस में वह स्त्री समा गई है। भटक गया है वह। ध्यान से। आना-पान जारी है और

भटकना भी। उस के खुले कानों में आचार्य का आडियो नहीं, वह स्त्री बोल रही है। उस के बंद नयनों में वह स्त्री आ कर बैठ गई है। सांसों में वह ही आ रही है और जा रही है। कान, नाक और नयन पर उस ने कब्ज़ा कर लिया है। विपश्यना को जैसे विस्थापित कर दिया है। जैसे बाढ़ आ गई हो और उस का घर बह गया हो। वह बेघर हो गया हो। बेबस विपश्यना उस के भीतर कहीं ठौर खोज रही हो जैसे। और वह किसी बच्चे की तरह विपश्यना की उंगली थाम लेना चाहता है। जैसे मेले में खोया बच्चा हो और मां की उंगली खोज रहा हो। कि किसी तरह ठौर मिले। बिलखता बच्चा। जैसे किसी वैद्य को नब्ज़ मिल गई हो, रोगी की। उसे सांस का स्पर्श मिल गया है। मां की उंगली मिल गई है। उसे ठौर मिल गया है। आती-जाती सांस अब उसे गहरे जल में जैसे फिर खींच कर ले जा रही है। ले जा रही है आनंद के सागर में अमृत पान की यात्रा पर। वह जाने किस यान पर सवार है। यान है कि वायुयान। समझ नहीं पाता। समझना भी नहीं चाहता। साधन कोई भी हो, साध्य ही साधना है। सुख और शांति की आनंद यात्रा। एक सांस का स्पर्श, एक आना-पान इतनी मुश्किल यात्रा को इतना आसान बना सकता है, वह नहीं जानता था। कहां जानता था कि सांस सिर्फ़ जीवन जीने का जीवन चलने की सूचक नहीं है। सांस है तो जीवन है यह तो जानता ही था, सभी जानते हैं। पर सांस का यह सुख, तटस्थ भी बना सकता है, अमृत यात्रा की अनुभूति भी जीते जी करवा सकता है, कहां जानता था।

ध्यान सत्र समाप्त हो गया है। शाम का सत्र जब समाप्त होता है तो डाइनिंग हाल में चाय और लइया चना का सत्र होता है। जो साधक विपश्यना शिविर में दूसरी बार या तीसरी बार आए हैं यानी सीनियर साधक हैं, उन्हें सिर्फ़ नींबू-पानी मिलता है। विनय चाय नहीं पीता है तो चाय बराबर वह दूध ले लेता है, छोटी गिलास में संक्षिप्त जलपान के बाद वह कमरे में थोड़ी देर आराम करता है। फिर ध्यान का एक सत्र होता है। छोटा सत्र। इस के बाद फिर अवकाश। देर शाम अंधेरा हो जाने के बाद आचार्य गोयनका

का प्रवचन। वीडियो पर। हिंदी समझने वाले हिंदी में सुनते हैं। बाक़ी के लोग अंगरेजी में सुनते हैं। दोनों के लिए अलग-अलग व्यवस्था होती है। कोई डेढ़ घंटे का प्रवचन सुन कर विनय समृद्ध हो जाता है। रोज-रोज यह समृद्धि का कोष बढ़ता जाता है। ध्यान से ज़्यादा यह आचार्य सत्यनारायण गोयनका का प्रवचन आनंद देता है।

प्रवचन सुनने के बाद लोग सोने चले जाते हैं। जब कि विनय रोज टहलने के लिए निकलता है। परिसर बड़ा है विपश्यना शिविर का तो वह अकसर मार्ग बदलता रहता है, टहलने का। अकेले ही टहलता है। चुपचाप। सब लोग सो रहे होते हैं, वह टहल रहा होता है। ध्यान से ज़्यादा एकांत और एकाग्रता इस टहलने में होती है। आसपास और दूर-दूर भी कोई नहीं। अजब सी निर्जनता होती है। यह निर्जन वातावरण मन में उछाह भरता है। अपना अकेले का यह स्पेस उसे आह्लादित करता है। इस चुप की राजधानी में यह निर्जन स्पेस उसे और मोहित करता है। सामान्य दिनों में टहलते समय वह अकसर पसंदीदा गीत-संगीत सुनते हुए टहलता है। पर यहां तो यह सब कुछ अलाऊ नहीं है। सो तरह-तरह की बातें सोचते हुआ टहलता है।

आज हवा में कुछ ज़्यादा खुनक है। कान को हवा रह-रह कर चुभती है। ओवर कोट पहन कर उस ने सिर पर मफ़लर लपेट लिया है। पॉकेट में हाथ डाले टहल रहा है। याद आता है उसे एन सी सी शिविर। उस शिविर में सुबह-सुबह दौड़ना होता था। उस्ताद जी लोग मफ़लर, दस्ताना कुछ भी नहीं पहनने देते थे। सब कुछ खुला रखने को कहते। पर यह विपश्यना शिविर है। यहां उस्ताद जी लोग नहीं। पर अनुशासन वहां भी होता था। कड़ा अनुशासन। अनुशासन यहां भी है। सुबह चार बजे से रात नौ बजे तक वहां भी व्यस्त रखा जाता था। यहां भी। हां, एन सी सी शिविर में कुछ सोचने का अवकाश नहीं था। यहां विपश्यना में सोचने का, समझने का अवसर बहुत है। ख़ुद के बारे में सोचने का अवकाश ही अवकाश है।

वहां श्रम की साधना थी, यहां ध्यान की साधना है। तब विनय युवा था। टीनएज था। अब अधेड़ है। वह उस रशियन स्त्री के बाबत सोचता हुआ टहल रहा है। खंभों पर लटकी मद्धिम बिजली वाले बल्ब की रोशनी में इस ठंडी हवा में टहलना सुखद लगता है। ऐसे-जैसे अपने एकांत में टहल रहा हो। अपने मन के भीतर टहल रहा हो। सोचता है कि और भी कई देशी- विदेशी स्त्रियां है इस विपश्यना शिविर में युवा भी हैं, अधेड़ भी और वृद्ध भी। तो इस युवा रशियन स्त्री ने ही उस में अचानक दिलचस्पी क्यों ली? और कि वह भी उस की ओर लगातार आकृष्ट क्यों हुआ जा रहा है। विपश्यना के लिए वह आया है यहां। रोमांस या लंपटई के लिए नहीं।

बुद्ध ने यशोधरा को छोड़ दिया था। घर बार छोड़ दिया था। और वह यहां अलकजाल में उलझा हुआ है। विपश्यना के आनंद की पहली सीढ़ी चढ़ चुकने और उस अमृतपान के बाद भी स्त्री सुख की लालसा में डूबा जा रहा है। अचानक उसे लगता है कि कोई उस के पीछे आ रहा है। यह पहली बार है। सो मुड़ कर देखता है। वही रशियन स्त्री है। वह अपने क़दम धीमे कर लेता है। धीरे-धीरे वह स्त्री उस के बगल में चलने लगी है। विनय ने मुड़ कर फिर पीछे देखा है कि क्या कोई और भी है क्या पीछे। देखा तो पाया कि कोई नहीं है। वह निश्चिंत हो जाता है। वह स्त्री आहिस्ता-आहिस्ता चलते हुए उस के क़रीब आती जाती है। स्पर्श की हद तक। विनय अब क्या करे भला ? यह सोचते ही उस के भीतर कोई बिजली सी चमक जाती है। ऐसे जैसे कोई शार्ट सर्किट हो गया हो। बिजली गुम हो गई हो। सहसा उस ने बढ़ कर उसे बाहों में भर कर चूम लिया है। वह रशियन स्त्री अवाक रह गई है। उसे विनय इस तरह इतनी जल्दी चूम लेगा, इस का बिलकुल अंदाजा नहीं था। प्रत्युत्तर में वह भी चूम लेती है विनय को। दोनों ज़रा देर आलिंगनबद्ध हो कर एक दूसरे को चूमते रहते हैं। आहिस्ता-आहिस्ता फिर बेतहाशा। बाहों के दरमियां रात गहरी हो रही है। वह दोनों लिली के फूल

की झाड़ की ओट ले लेते हैं। फिर आम के वृक्ष की तरफ सरक जाते हैं। जहां बिजली की हलकी रौशनी भी नहीं पहुंच पा रही। दोनों में कोई शाब्दिक संवाद नहीं है। दोनों की देह संवादरत हैं। अजब कश्मकश है। यह देह का संघर्ष है, मन का संघर्ष है, वासना का संघर्ष है कि विपश्यना के कारण निकले विकार का संघर्ष है ? और यह लीजिए जो नहीं होना था, होने लगा है। अकस्मात। आहिस्ता-आहिस्ता वह स्त्री विनय को निर्वस्त्र करने लगी है। विनय उसे विपश्यना के अनुशासन की याद दिलाना चाहता है। बताना चाहता है कि विपश्यना की वर्जनाओं को निभाना ज़रूरी है। पर भटक गया है। पूरी तरह भटक गया है। जैसे युगलबंदी चल रही हो गायन और वादन की। सेजिया चढ़त डर लागे ! अधर, कपोल, वक्ष सभी जैसे साज बन गए हैं। और वह उन्हें, उन के तार को मद्धम स्वर में बजा रहा है। स्त्री जब ऐसे उन्माद में आती है तो उस के अधर स्वतः बांसुरी बन जाते हैं। बस आप के अधरों में उसे बजाने की कला आती हो। सांस का अभ्यास ही यहां भी काम आता है। वही आना-पान ।

बांसुरी जब सुर में आती है तो कपोल को संतूर की मिठास में तब्दील होने में देर नहीं लगती। वक्ष पियानो और नितंब तबला बन गया है। यह स्त्री जैसे इन सारे वाद्यों का लय-ताल जानती है, भली भांति समझती है। निष्णात है। संकोच की सिलवट पहले ही इसरार में हटा देती है। विनय जैसे जब चाहता है, वह उसी में ढलती जाती है। सारंगी का सुर भी यह रशियन स्त्री बहुत अच्छे से जानती है। स्त्री उस पर झुक आई है। झुकती ही जा रही है। सरकती जा रही है। गोया सरकती जाए है नक़ाब आहिस्ता-आहिस्ता ! गोया उस के मुख गागर बन गए हैं। वह डूब रहा है, अलौकिक सुख के गागर में। अधर जो बांसुरी थे, अब माऊथ आर्गन बन गए हैं। बीन की तरह बजा रही है। जैसे वायलिन बन कर वह बज रहा है। न इधर जल्दी-जल्दी है, न उधर आहिस्ता-आहिस्ता है। देह संगीत की इस सभा में सभी सुर,

सभी आलाप, आरोह-अवरोह अपनी गति में हैं। अपने पूरे लोच और खटके के साथ। अपनी संपूर्णता के साथ। संभोग का सितार ऐसे ही तो बजता है। सितार अपने सभी सुरों के साथ व्यवस्थित हो कर बजने लगता है। बज रहा है विपश्यना शिविर में लिली के फूल के इस झाड़ के पीछे। आम के वृक्ष के नीचे। आम के पल्लव जैसे आचमन करवा रहे हैं।

सारी ठंड, सारी हवा बेअसर है इस देह-संगीत की सभा में। अब विनय उस रशियन स्त्री को फिर से चूम रहा है। बेतहाशा। जैसे उस की पूरी देह अब बांसुरी है। वह उस के ऊपर झुक आया है। जैसे आसमान धरती पर झुके। बादल बन कर वह जैसे अब उस की देह में उमड़- घुमड़ रहा है। हांफ रहा है ऐसे जैसे बादल बन कर बरस जाना चाहता है उस के भीतर। सर्दी में सावन बरस रहा है। रशियन स्त्री, जिस का नाम भी उसे नहीं मालूम उस से ऐसे लिपटी पड़ी है जैसे कोई अमरलता किसी वृक्ष से। वृक्ष कितना भी बड़ा हो, अमरलता जब उसे घेर लेती है तो वह अमरलता ही दिखती है, वृक्ष नहीं। वृक्ष छुप गया है, इस अमरलता के पीछे। विनय भी इस अमरलता के नेह में जैसे नत हो कर छुप गया है। उस के वक्ष पर सिर रखे जैसे सुस्ताता हुआ। ठंडी हवा उस की देह को अब छूने लगी है। ओवरकोट उठा कर वह अपने ऊपर डाल लेता है। जल्दी ही स्त्री को चूम कर वह धीरे से उठ गया है। उठते-उठते उस के माथे को चूमा है, कृतज्ञ भाव में ऐसे जैसे लव यू कह रहा हो। दोनों अपने-अपने कपड़े पहन कर चलने को होते हैं। स्त्री उंगली के इशारों से रोकती है उसे और उसे अकेले जाने को कहती है। वह लेडीज फर्स्ट को ध्यान रख कर उसे पहले जाने को कहता है। यह भी सोचता है कि अगर कुछ अप्रिय घटता है तो उसी के साथ घटे। स्त्री के साथ नहीं। वह आलिंगन में उसे भर कर एक बार फिर चूमती है, कस कर। और धीरे-धीरे चल देती है। वह उसे जाते हुए देखता रहता है। और सोचता है संभोग से समाधि क्या इसे ही कहते हैं ? कि विपश्यना में वासना है यह।

साधु-साधु !

वह अपने कमरे की तरफ चल पड़ा है। चारो तरफ असीम सन्नाटा है। ठंड भी। निर्जनता की सारी सरहदें सुन्न हैं। ज़्यादातर दिन भर के ध्यान के बाद लोग इतना थक जाते हैं कि बिस्तर पर जाते ही आंख बंद हो जाती है। नाक बजने लगती है। रोज बारह घंटे बैठना बैठ कर ध्यान करना भी अपने आप में बहुत होता है। सो बाहर तो कहीं कोई नहीं मिला पर कमरे के बरामदे में सिंगापुरी साधु उसे बाहर से आते हुए देखता है। देखते हुए घूरता है। ऐसे जैसे जानना चाहता है कि आज इतनी देर तक टहलने का राज़ क्या है। विनय उस के इस घूरने को इग्नोर करते हुए बाथरूम में घुस जाता है। वह फिर भी नहीं मानता। साधु-साधु ! बोलने लगता है। ऐसे जैसे कोई चौकीदार हर किसी को ख़बरदार करने के लिए सीटी बजा रहा हो।

हाथ-पैर, मुंह धो कर, कपड़े बदल कर बिस्तर पर लेट गया है। कंबल ओढ़ लेता है।

जाने क्या है विनय के साथ कि स्त्रियां उस के जीवन में इसी तरह अचानक उपस्थित हो जाती हैं। स्त्रियां ही उसे अपनी गिरफ़्त में ले लेती हैं। और वह नदी बन कर उन के साथ बहने लगता है। बह जाता है। जैसे कि यह रशियन स्त्री। जब तक स्त्रियां चाहती हैं, वह बहता रहता है। नदी के जल की तरह कल-कल। अपने-अपने कारणों और मुश्किलों के चलते स्त्री जब बांध बनाने लगती है, सरहद निर्धारित करने लगती है तो वह न तो तो बांध तोड़ता है, न सरहद लांघता है। अकेला हो जाता है। चुपचाप समझ जाता है कि कारवां गुज़र गया है। गुबार देखने में उस की कोई दिलचस्पी नहीं रहती। जैसे चुप की इस राजधानी में यह स्त्री चुपके से आ गई। और चली गई। ऐसे रिश्ते चुपचाप ही चल पाते हैं। बैंड बजा कर नहीं। हां, भीतर से अगर हां नहीं हुई तो कुछ स्त्रियों को उस ने निराश भी किया है। क्यों कि स्त्री पसंद की भी होनी ज़रूरी होती है। और भी बहुत सी बातें होती हैं। सब के लिए सुलभ नहीं हो पाता। कोई भी नहीं हो सकता। एक मेंटल

हार्मनी होती है, जो जोड़ती है। यह जुड़ना ज़रूरी है। बहुत ज़रूरी। यह सब सोचते-सोचते जाने कब वह सो गया। रात भर वह विभिन्न सपनों में डूबता-उतराता रहा। पर वह रशियन स्त्री सपने में नहीं आई। मिल जाने के बाद सपनों में आता भी कौन है भला।

सुबह घंटा बजा है और वह हमेशा की तरह करवट बदल कर फिर सो गया है। आलस का नया सौंदर्यशास्त्र रचते हुए। उस रशियन स्त्री के संसर्ग को याद करते हुए वह मुदित हो गया है। ऐसा मीठा और नैसर्गिक संसर्ग ज़माने बाद उसे नसीब हुआ। निर्बाध। वह सर्वदा ऋणी रहेगा उस रशियन स्त्री का। इस नैसर्गिक सुख और सुख के इस स्वाद के लिए। मनभावन मन के लिए। अब कार्यकर्ता की घंटी बज रही है बिलकुल सिर पर। रुनझुन घंटी। वह उठ गया है। नहा-धो कर ध्यान कक्ष सर्वदा की तरह विलंब से पहुंचा है। उस रशियन स्त्री को देख कर उस का जी जुड़ा गया है। वह भी प्रफुल्लित है। खिले फूल की तरह मुस्कुराई है। आंखों ही आंखों में प्यार छलकाया है। स्वागत किया है। जैसे सपने जैसी रात को याद कर कृतज्ञता ज्ञापित कर रही हो। सचमुच वह रात थी कि सपना थी। वह सोचता है। सर्द रात की गर्म यादों को मन ही मन फिर से पढ़ता है। पढ़ते-पढ़ते ही नयन बंद कर सांस की तरफ ख़ुद को केंद्रित कर लेता है। आना-पान की राह पर है वह। गहरे जल में उतरता हुआ। जल के भीतर जल का उजाला उसे फिर मोहित करने लगा है। ऐसे जैसे जल से निकलना न हो। कभी न हो। जल है कि जाल है। वह समझ नहीं पाता। ध्यान की यह ध्वजा फहराते हुए वह किसी और लोक में पहुंच गया है। जहां न कोई स्त्री है, न कोई शिविर। सिर्फ़ बर्फ़ है। बर्फ़ ही बर्फ़ है। जैसे फ़ोटो में देखा हुआ हिमालय हो। गहरे जल के भीतर हिमालय ? वह डर जाता है। पर नयन नहीं खोलता। उस के भीतर बर्फ़ पिघल नहीं रही धड़क रही है। जैसे दिल धड़के। यह हिमालय की बर्फ़ है।

ऐंद्रिक सुख बड़ा है कि आध्यात्मिक सुख। यह उसे तय करना है। पर अभी इसे तय करने को वह मुल्तवी करता है। क्यों कि यह विषय बहुत विशद है। विषाद भी बहुत। चुनौती और ख़तरे बहुत हैं इसे अभी-अभी तय करने में। फिर सोचता है स्त्री अपने आप में आध्यात्म है। स्त्री से बड़ी कोई किताब नहीं। आप किसी भी विषय को किसी भी तरह से पढ़ कर जान सकते हैं। पर स्त्री को जितना पढ़िए, लगता है कितना कम पढ़ा है। कुछ जानते ही नहीं। फिर स्त्री आप को पढ़ने भी कहां देती है, पूरी तरह। उतना ही पढ़ने और जानने देती है, जितना वह चाहती है। और आप भरे-भरे हो कर भी रिक्त हो जाते हैं।

अपनी मां को भी कोई कितना जानता है। जानने की ज़रूरत ही नहीं समझता। ममत्व के आगे का दरवाज़ा बंद है, मां का भी। जिस की कोख में नौ महीने रह कर भी नहीं जाना जा सकता। जीवन भर मां-मां कह कर भी नहीं जाना जा सकता। मां जानने भी कहां देती है। मातृभक्त गणेश भी अपनी मां पार्वती को कितना जानते थे भला। जानते होते तो पिता के हाथ अपना सिर कटवा कर हाथी का सिर क्यों लगवाते। मातृभक्ति में इतना चूर कि मां के आदेश के आगे पिता से टकरा गए। शिव भी कितने चतुर थे कि पार्वती के कहने पर गणेश को जीवित तो किया पर हाथी का सिर लगा कर। जानते थे कि हाथी बड़ा विवेकवान होता है। बुद्धिमान होता है। गणेश का सिर यानी मस्तिष्क विवेक नहीं जानता था। शिव इतना तो जानते थे पर पहली पत्नी सती को भी कितना जानते थे ? जानते होते तो शिव के हाथों में सती के शव को काटने की ज़रूरत क्यों पड़ती विष्णु को। इसी लिए स्त्री दुनिया की सब से बड़ी किताब है। दुनिया की सब से बड़ी लाइब्रेरी है स्त्री।

और स्त्री की देह ?

विराट दुनिया है, स्त्री की देह। स्त्री का मन उस की देह से भी विराट। शेक्सपियर कहते हैं धरती के पास संगीत उनके लिए है जो सुनते हैं। इसी तर्ज़ पर विनय मानता है कि देह संगीत उन के लिए है जो इस में ख़ुद को

विगलित करना जानते हैं। कर देते हैं। स्व को समाप्त कर देते हैं। हिमालय गलता है तो गंगा बनती है। देह-संगीत की श्रद्धा में नत लोग ही जानते हैं इस संगीत को। जो नत नहीं होते, वह अभागे लोग होते हैं। अहंकार में जीने वाले लोग होते हैं। स्त्री को उपभोग की वस्तु मानने वाले लोग होते हैं।

ध्यान जारी है और इधर-उधर के सवाल भी ध्यान की गुफा में वह स्थिर हो कर नहीं, पानी बन कर बहता रहता है। बुद्ध बताते हैं कि अगर कोई मुझे और मेरे विचारों को समझ गया है तो वह मुझे छोड़ कर आगे बढ़े। मेरे विचार के खूंटे से न बंधे। विनय सांस के स्पर्श तटस्थ होने के अकेलेपन को चीर रहा है। जैसे इस सन्नाटे को और सघन कर देना चाहता है। जाने यह पौ फटने का सौंदर्य है, आगत सुबह का सौंदर्य है या होने वाले सूर्योदय की दस्तक की देहरी है। यह कौन सा टाइगर हिल है ? कौन सी कंचनजंघा है जिस की गोद में बैठ कर सूर्य शिशु बन कर झांक रहा है। मां की गोद में बैठा, आहिस्ता से झांकता शिशु। टुकुर-टुकुर। सूर्य की लाली लावण्य बन कर उपस्थित है और यह ध्यान सत्र समाप्त है। वह उठ कर खड़ा हो गया है। अंगड़ाई लेते हुए जम्हाई भी लेता है। कुछ लोग साधु-साधु ! बोलते हैं, रोज की तरह। रशियन स्त्री अभी भी बैठी है। वह उस के पास से गुज़रता है। वह अचानक उस के पैर में मीठी सी चुटकी काट लेती है। वह आहिस्ता से उस की ओर मुड़ कर देखता है। वह आंखों में मुस्कुरा रही है। उसे स्पर्श करते हुई उठ कर खड़ी हो जाती है। कोई कुछ समझे, विनय चल देता है। यह कौन सा मनुहार है ? स्मृतियों का यह कौन सा चंदन है।

चंदन है तो महकेगा ही। वह महक उठता है।

गोभी के खेत के पास के चबूतरे पर बैठे हुए वह सूर्य की लालिमा को निहार रहा है। उगते सूर्य को हाथ जोड़ कर प्रणाम कर रहा है। ठुमक ठुमक कर चलते सूर्य को इस तरह उगते हुए देखना भी एक सुख है। अविरल और अविकल सुख। अभिराम कर देने वाला। शिशु सा सूर्य और चंदन की

सुगंध सा सुख कहां मिलता है भला ! यह इस तरह की बिलकुल नई सुबह है। रात की देह में दहक कर हुआ है यह सूर्योदय। रात जब वह उस सुंदरी की बाहों में था तो लगता था शोलों की बाहों में है। अब सूर्योदय का यह औचक सौंदर्य उसे अपने जाल में बांध रहा है। वह सोच रहा है कि जब रात सुंदर गुज़रती है तो क्या सुबह ऐसे ही सुंदर बन जाती है। उस के भीतर एक पुलक सी जाग जाती है। सप्तक सा बज जाता है। तार सप्तक। जाने यह पुलक विपश्यना की है कि वासना की। वह समझ नहीं पाता। वह कहीं जल देखना चाहता है। किसी झील, किसी नदी का जल। उस जल में सूर्य को ख़ुद को देखना चाहता है। ख़ुद को जल में देखे बहुत दिन हो गए। पर इस शिविर परिसर में बहुत कुछ है, झील नहीं है। तो क्या अगर झील होती तो वह उस रशियन स्त्री का हाथ थामे उस झील में उतर जाता ? फ़िलहाल वह अचानक सामने खड़ी है। और वह उस की नीली आंखों की झील में खो जाता है। खो जाता है बीती रात की स्मृतियों की सुगंध में उस की देह की सुगंध और सौंदर्य में। स्त्री उसे ज़रा ठहर कर देखती है और चल देती है। उस का गाऊन रात वाला ही है। उठ कर वह कमरे में आ गया है। तकिया को बाहों में भींच कर लेट जाता है। गोया तकिया न हो, वह रशियन स्त्री हो। वह उसे चूम कर झील बना देना चाहता है जिस के जल में ख़ुद को निहार सके। ख़ुद को निहारते हुए मन की किसी यात्रा पर जा सके।

घंटा बज गया है। ध्यान सत्र बस शुरू ही होने वाला है। और विनय उस स्त्री को ध्यान में बसाए हुए है। जो बीती रात उस की बाहों में मोगरा की सुगंध भर कर उसे सुख से भर गई है। उसे याद आता है कि संस्कृत में मोगरा को मल्लिका भी कहा गया है और मालती भी। तो वह उसे मल्लिका कहे कि मालती। मल्लिका कहना वह तय करता है और उठ खड़ा होता है। ध्यान कक्ष की तरफ वह चल पड़ा है। झूमती हुई हवा की तरह। बाहर भी हल्की हवा है। जो देह में ठंड सी भरती है। पर ध्यान कक्ष में मल्लिका तो

स्लीवलेस वसन में है। नीचे भी स्कर्ट है। उसे इस तरह देख कर उसे एक पुराना गीत याद आ जाता है। रुपदंभा बड़ी कृपण हो तुम/अल्पव्यसना कैसे वसन हो तुम। तो क्या मल्लिका को ठंड नहीं लगती ?

नहीं लगती होगी तभी तो। तभी तो अकसर वह स्लीवलेस दिखती है।

आडियो बज रहा है। निर्देश मिल रहे हैं ध्यान को धारण करने के लिए। कुछ लोग हैं जो वस्त्र भी पूरे धारण नहीं करते। जाने ध्यान कैसे धारण करते होंगे। एक मल्लिका ही नहीं, कुछ और परदेसी भी हैं जो कम वस्त्र धारण करते हैं। जैसे उन्हें ठंड नहीं लगती। तो क्या भूख और प्यास की मारी हुई दुनिया के लोगों को ही ठंड लगती है। बुद्ध को भी ठंड लगती थी कि नहीं। वह सोचता है। सांस आ रही है, जा रही है। सांस समझा रही है कि किसी और के बारे में नहीं सोचो। सांस के इस स्वरुप से विनय को इश्क़ हो गया है। मल्लिका से भी इश्क़ हो गया है। किस-किस से वह इश्क़ करेगा वह। ऐसा वह कई बार सोचता है। यह सोचते-सोचते ही वह ध्यान के जल में उतर गया है। गहरे जल में डूब रहा है। डूबता ही जा रहा है। जल के ऊपर नहीं आना चाहता। जल की तलहटी में आ गया है। स्थिर हो गया है। तो क्या इसे ही पाताल कहते हैं। कब तक रहेगा वह इस पाताल में डूबा हुआ। बुद्ध कहते हैं दुनिया में कुछ भी स्थिर नहीं है। स्थाई नहीं है। सब गुज़र जाएगा। सब बदल जाएगा। तो क्या ध्यान की यह मुद्रा भी गहरे जल में अकसर उतर जाना भी कभी बदल जाएगा। वह सोचता है। जो हो, चाहे जब जो कुछ बदले। उसे क्या। वह तो गहरे जल में है। ध्यान में डूबा हुआ।

कि जल में डूबा हुआ ?

वह नहीं जानता। बस डूबे रहना चाहता है। बाहर बहुत कुछ बदलता रहता है। भीतर उस से भी ज्यादा उथल-पुथल है। न बाहर का हिसाब है, न भीतर का। हिसाब-किताब में वैसे भी वह सर्वदा-सर्वदा से कमज़ोर रहा है। अचानक नींद की नाव में सवार हो गया है। नाक बजने लगी हैं।

ऊंघते-ऊंघते हुए वह बैठे-बैठे गिर गया है। गिरते ही तंद्रा टूटती है। वह सहसा उठ कर बैठ गया है। वह देख रहा कि सभी साधक मंद-मंद मुस्कुरा रहे हैं, उस के इस तरह सोते-सोते गिर जाने से तो क्या यह साधक तटस्थ नहीं हो पा रहे। भीतर क्या बाहर की दुनिया से भी तटस्थ नहीं हो पा रहे। अगर यह साधक ध्यान में थे तो विनय का यह गिरना कैसे देख पाए। बस ठठा कर नहीं हंसे पर हंसे तो। ख़ैर वह फिर ध्यान की मुद्रा में आ गया है। नींद की नाव में अकसर सफ़र करना उस का व्यसन है, यह वह जानता है। विद्यार्थी जीवन से है। क्लास में अकसर अध्यापक लोग उसे चाक मार कर जगाते थे। घर में भी पढ़ते समय घर के लोग जगाते थे। आफ़िस में भी वह रोज ही बैठे-बैठे नींद की नाव में सवार हो जाता है। लोग मोबाइल से उस की फ़ोटो, वीडियो बनाते रहते हैं। भेजते रहते हैं इधर-उधर शिकायत के लहज़े में। वह लेकिन लाचार है। क्या करे भला !

सारे सत्र, भोजन, प्रवचन पार कर रात फिर आई है। कल की तरह। रोज की तरह। वह टहल रहा है। सोच रहा है कि क्या आज वह फिर आएगी। मल्लिका के आने की प्रतीक्षा वह टहलते हुए कर रहा है। ऐसे जैसे नींद की नाव उसे जब-तब आगोश में ले लेती है, वह मल्लिका को आगोश में ले लेना चाहता है। चांद भी इस सर्दी में जैसे स्लीवलेस हो गया है। जैसे अपनी मां की गोद में बैठ कर मां के आंचल में छुपा हुआ आहिस्ता से झांक रहा है। टुकुर-टुकुर। तो क्या चांद को भी मल्लिका की प्रतीक्षा है। प्रतीक्षा तो इन ठंडी हवाओं को भी है। लिली के फूल की झाड़ियों को भी है। आम के वृक्ष को भी। आचमन करते पल्लव को भी। इस नीरव सन्नाटे को भी। टहलते-टहलते विनय थक गया है। पर मल्लिका की पदचाप नहीं सुनाई दी है। वह रह-रह कर मुड़-मुड़ कर रास्ता देखता रहता है। पर नहीं आती। मल्लिका नहीं आती तो ग़ालिब याद आते हैं: हम वहां हैं जहां से हम को भी / कुछ हमारी ख़बर नहीं आती। ग़ालिब को याद करते-करते

वह कमरे में आ गया है। हाथ मुंह धो कर वह बिस्तर पर तकिया को आगोश में ले कर मल्लिका के बारे में सोचते-सोचते सो गया है। जनम एक छल है, मिलन एक सपना सोचते-सोचते वह सो गया है। और यह देखिए मल्लिका अब आई है। सपने में। उस के आने से मन में शोर बहुत बढ़ गया है। इधर-उधर चहुं ओर शोर ही शोर। सुबह घंटी से आंख खुलती है। नहा-धो कर वह ध्यान कक्ष पहुंचता है। काफी विलंब हो गया है। आचार्य उसे घूरते हुए देखते हैं। वह हाथ जोड़ कर, अपनी जगह बैठ जाता है। मल्लिका ने भी प्रत्युत्तर में हाथ जोड़ लिया है। आचार्य यह नहीं देख पाते। वह विनय की तरफ ही अपनी आंख का कैमरा तैनात किए पड़े हैं। गोया वह नर्सरी का स्टूडेंट हो और वह उसे दंडित कर देना चाहते हैं। मुर्गा बना देना चाहते हैं। उसे यह सोच कर हंसी आ जाती है। ध्यान में आज बहुत मन नहीं लग रहा विनय का। रात में मल्लिका से मिलन न होने के कारण वह खिन्न बहुत है। अनमना भी। कहां तो प्रणय की पुकार थी। अभिसार की रात थी। पर मानिनी ही अनुपस्थित थी। मल्लिका के अनुपस्थित रहने से सारा कुछ जैसे अनुपस्थित हो गया है। सपने में आने से क्या होता है भला। सपना तो छल है। पर मिलन भी तो सपना ही है। बहुत घालमेल है इस मिलने न मिलने में सोचते-सोचते वह फिर नींद की नाव में चढ़ गया है। मल्लिका फिर उपस्थित है। और वह बेबस। लाचार। नाक बज गई है। कार्यकर्ता झिझोड़ रहा है।

वह नाश्ते की मेज़ पर है। वह आते ही जाना चाहती है। वह उसे रोकता भी नहीं है। बोलना है नहीं। कोई संकेत तक करना नहीं है। वह रोके भी उसे तो कैसे रोके भला। कोई संबंध वह स्वतःस्फूर्त ही पसंद करता है। स्वतःस्फूर्त नहीं है संबंध तो उस का कोई मतलब नहीं। विवाहेतर संबंध को वैसे भी कभी स्थाई नहीं होना चाहिए। स्थाई होते ही संबंध पारिवारिक क्लेश और अपराध की तरफ चले जाते हैं। मर्डर वग़ैरह तक हो जाते हैं।

छीछालेदर तक हो जाती है। सो बचना चाहिए इस से। विवाहेतर संबंधों में भी मर्यादा और शुचिता बहुत आवश्यक है। फिर इस मल्लिका, इस रशियन स्त्री से तो बस एक अनायास गुज़र गया क्षण है। एक मानसिक संबंध है। किसी पीपे के पुल की तरह। अस्थाई पुल। वह पुल जो नदी में बाढ़ की संभावना मात्र से तोड़ दिया जाता है।

तो क्या मल्लिका का यह पुल टूट गया है ? पता नहीं। पर विनय ज़रूर टूट गया है।

वह डाइनिंग हाल से बाहर आ गया है। वह लंदन वाला लड़का उस के सामने हाथ जोड़े विनयवत उपस्थित है। विनय मुस्कुरा देता है। सिंगापुरी साधू, साधु-साधु बोलते हुए गुज़र जाता है। वह पापीते के पेड़ पर लदे अधपके पपीते की तरफ देखने लगता है। आज नाश्ते में मिला पपीता भी बहुत मीठा था। किसी दशहरी आम की तरह। मल्लिका का वक्ष भी तो दशहरी की तरह ही था। मोगरे की सी सुगंध लिए। तभी तो उस ने उस का काल्पनिक नाम मल्लिका रख दिया है। जाने उस का असल नाम क्या है। विनय अपरिचित लोगों के काल्पनिक नाम इसी तरह रखता रहता है। ख़ास कर स्त्रियों के। जैसे उस की बेटी कभी बचपन में लोगों के नाम सब्जियों के नाम पर रख दिया करती थी। किसी को गोभी, किसी को मटर, किसी को टमाटर, किसी को आलू, कटहल, प्याज, धनिया आदि। उस का एक दोस्त लड़कियों के आर डी एक्स जैसे नाम रख देता था। लेकिन विनय स्त्रियों के नाम रखते समय सौंदर्यबोध को तिलांजलि नहीं देता। स्त्रियों का काल्पनिक नामकरण ही सही, सम्मान सहित रखता है। सौंदर्यबोध का सहज ध्यान रखता है। कई सारे देशज नाम भी। गानों में आने वाले संबोधन भी ऐसे काल्पनिक नामकरण में वह बेहिचक रख देता है। घर में पत्नी के भी कई सारे नाम रखे हुए है। बिल्लो रानी कहने पर उस की महिला मित्र बहुत ख़ुश जाती है। बालम चिरई कहने पर भी। नाम लेकिन वह कभी भी किसी

का बिगाड़ता नहीं। सम्मान और सौंदर्यबोध सहज ही मन में आ जाता है। स्त्रियों का वह बहुत सम्मान करता है। क्यों कि उस की मां भी स्त्री है। तो मां का अपमान तो बनता नहीं है। सम्मान ही सम्मान बनता है। तो हर स्त्री का सम्मान सहज ही सध जाता है विनय से। कहां-कहां से गुज़र जाता है। पर स्त्री का सम्मान वह नहीं भूलता।

वह फिर ध्यान में है। वही गहरा जल, वही आनंदमयी अनुभूति। ममतामयी अनुभूति। वही सुख, वही सांद्रता। सांस का यह भी अजब प्रयोग है। विपश्यना के पहले वह कभी नहीं जानता था। कि एक सुख कंधे पर है, दूसरा भी आ कर लद जाता है। तीसरा, चौथा, पांचवां भी। अनगिन सुख आते-जाते रहते हैं। ऐसे, जैसे वह कोई अलगनी हो। और अनगिन कपड़े लदे हुए हों उस पर। ऐसे ही सुख विपश्यना के इस ध्यान में उसे अलगनी बना कर लटकते रहते हैं। जैसी किसी आम के वृक्ष पर ढेर सारे टिकोरे। सेव के वृक्ष पर सेव। अंगूर की लता पर अंगूर के गुच्छे। किसी कटहल के पेड़ पर असंख्य कटहल। सुख ऐसे ही मिलते हैं और गुज़र जाते हैं। लौट कर नहीं आते फिर कभी। जैसे मनुष्य मृत्यु के बाद नहीं लौटता। गाते रह जाते हैं लोग दुनिया से जाने वाले जाने चले जाते हैं कहां। चिट्ठी ना कोई सन्देश / जाने वो कौन सा देश / जहाँ तुम चले गए / जहाँ तुम चले गए / इस दिल पे लगा के ठेस। ऐसे ही निर्मोही यह सुख भी होते हैं। ठेस लगाएं या न लगाएं पर लौटते नहीं। कभी नहीं लौटते। बुद्ध कहते ही हैं, सुख हो या दुःख, सब गुज़र जाएगा। दुःख गुज़रे तो अच्छा है। पर सुख को तो नहीं गुज़रना चाहिए। पर गुज़र जाता है। थोड़ी धूप, तनिक सी छाया बन कर रह जाता है जीवन। मल्लिका भी तनिक सी छाया बन कर ही आई।

और यह लीजिए मल्लिका इस रात फिर आई है। सपने में नहीं, टहलने में। टहलते-टहलते वह फिर लिपट गई है। लिपट कर बेतहाशा चूमने लगी है। ऐसे जैसे वह स्त्री नहीं, पुरुष हो। एक ही बार के अनुभव में दूसरी बार

में सारे संकोच, झिझक और मनुहार की सारी देहरी, सारी सरहद लांघ गई है। सुख सिर्फ़ गुज़रता ही नहीं, सुख ऐसे आता भी है। चुपके से। चुप की राजधानी में चुपके से तो क्या सांस और सुख का कोई अनजान रिश्ता भी है ? पता नहीं। पर अब वह गहरे जल में नहीं, गहरे मन में है। धंस कर प्यार करता हुआ। मल्लिका की देह में जगह-जगह तोड़-फोड़ करता हुआ। एक नई सी राह हेरता हुआ। मल्लिका की देह और मन के बीच की पगडंडी में राह बनाता हुआ। आते-जाते वृक्ष के बीच राह बनाता, सरपट घोड़े की तरह दौड़ता हुआ। हांफता हुआ सा। संभोग से समाधि की धरती में जैसे कोई अंकुर फूटना चाहता है। जैसे किसी वृक्ष में कोई कल्ला फूटना चाहता है। ओस की कोई बूंद किसी पत्ते पर गिरी है। पत्ते से छिटक कर उस की नग्न देह पर। कठोर वक्ष पर गिर कर टूट जाती है, ओस की बूंद। यह नेह में नत प्यार की बूंद है। एक रात के विरह में बौराई मल्लिका अपने भीतर बसी कामना के सारे हिमालय जैसे खंड-खंड कर पिघला देना चाहती है। पिघला कर पानी-पानी होना चाहती है। मल्लिका के भीतर जैसे मेघ बरस रहा है। उमड़-घुमड़ कर बरस रहा है। इस सर्दी में भी वह अपनी देह में कोई समंदर लिए मचल रही है। समंदर की लहरें हरहराती हुई आती हैं और चट्टान से टकरा कर भारी शोर कर रही हैं। जैसे वह कोलंबो हो और वह समंदर। मल्लिका की देह के समंदर का शोर वह साफ़ सुन पा रहा है। वह इस शोर में अपने भीतर के शोर को विगलित कर देना चाहता है। विपश्यना शिविर के परिसर की यह शीत में भीगी सड़क मल्लिका की पीठ में पर्वत का एक नया प्राचीर रच रही है। मल्लिका लेकिन इस से बेख़बर है। बेसुध है किसी शराबी की तरह। नदी की तरह विकल है। इस विकलता में पूरे वेग से बहती हुई धारा-धारा किनारा तोड़ती हुई विनय के गांव में दाखिल हो जाना चाहती है। सुख की नदी की तरह। पानी-पानी हो कर विनय के गांव से गुज़र जाना चाहती है। फिर-फिर लौट आने के लिए।

राग मालकौंस में मधुरता का यह देह संवाद मध्यम पर निषाद, धैवत तथा गंधार स्वरों पर पूरे आरोह और अवरोह में सां नि ध नि ध म की यह बंदिश इस रात में जो बेला महका रही है, विनय उस में बेसुध है। मल्लिका के केश बहुत छोटे हैं। विनय की ज़ुल्फों से भी छोटे। नहीं उन में वह समा कर छुप जाता। विकल्प में वह मल्लिका के दोनों विशाल वक्ष की संधि में समा जाता है। लगता है जैसे फूलों के गद्दे पर है वह। मल्लिका की गुलगुली देह में गुझिया सा स्वाद है। बिना किसी संवाद के वह राग मालकौंस जैसे किसी इंस्ट्रूमेंट पर बज रही है। बांसुरी बनी मल्लिका की देह अब जैसे शिथिल हो रही है। जैसे वह अपनी मंज़िल पा गई है। विनय की मंज़िल भी धार पर है। अधरों से जिहवा तक वह इस देह सागर को धांगते हुए हांफ रहा है। अचानक जैसे बेला महक कर उसे निढाल कर देती है। मल्लिका आज कंबल ओढ़ कर आई है। कंबल इस शीत भरी सर्दी में जैसे सांस बन कर उपस्थित है। जैसे बारिश में छाता। मल्लिका को जाड़ा नहीं लगता। विनय को जाड़ा बहुत लगता है। मल्लिका की आग में वह जाड़ा भूल जाता है। आज देर ज्यादा हो गई है। पर वह उठना नहीं चाहता मल्लिका की देह के ऊपर से निर्वसन देह को निर्वासन नहीं देना चाहता। विपश्यना और वासना की यह शानदार युगलबंदी विनय को भा गई है।

साधु-साधु !

वह जब कमरे पर लौटा तो उसे कोई नहीं मिला। वह सिंगापुरी साधू भी नहीं, जो साधु-साधु कहता।

विपश्यना और वासना का व्यसन विनय की ज़िंदगी का महत्वपूर्ण हिस्सा बन गया है। आए थे हरि भजन को, ओटन लगे कपास जैसी बात तो नहीं हो गई है ? यही सोचते-सोचते विनय कब सो गया, पता ही नहीं चला। ध्यान सत्र में जब वह पहुंचा तो मल्लिका अपनी जगह पर उपस्थित नहीं मिली। पर बाद में कब आई पता नहीं चला। क्यों कि वह तो ध्यानमग्न था।

सुबह वह जब नाश्ते पर है तो कुछ लोग उसे ख़ास नज़र से घूर रहे मिलते हैं। उसे रहीम याद आ गए हैं। खैर, खून, खांसी खुसी, बैर, प्रीति, मदपान/ रहिमन दाबे ना दर्बे, जानत सकल जहान। रहीम का यह दोहा याद करते ही वह भयभीत हो जाता है। जल्दी-जल्दी नाश्ता कर कमरे में आ जाता है। सोचता है कि कहीं किसी ने कुछ देख तो नहीं लिया। किसी ने कोई वीडियो तो नहीं बना लिया ? क्या पता। उस रशियन स्त्री का क्या, वह तो अपने देश चली जाएगी। भारत में तो उसी को लोग देखेंगे। उस की सामाजिक जिंदगी में बट्टा लग जाएगा। घर, परिवार और समाज में कहीं मुंह दिखाने लायक़ नहीं रहेगा। आजकल ऐसे वीडियो और फ़ोटो वायरल होते क्षण भर भी नहीं लगता। फिर जल्दी ही वीडियो का भय ख़त्म हो जाता है। क्यों कि मोबाइल तो हर किसी का जमा करवा लिया गया है। तो कोई वीडियो कैसे बना सकता है भला। वह अचानक अपनी मूर्खता पर मुस्कुरा पड़ता है। वह ध्यान कक्ष में पहुंचा तो उस की नज़र उस दिन विलाप करने वाली स्त्री पर पड़ गई। अपनी साथी स्त्रियों के साथ स्वस्थ दिख रही थी। उसे यह देख कर अच्छा लगा। लंदन वाला लड़का भी उसे देखते ही स्माइल मारने लगा। मल्लिका भी दिखी। पर मल्लिका ने उसे नहीं देखा। आज सुबह सर्दी बढ़ गई थी। सब लोग ख़ूब ओढ़ पहन कर आए थे। पर वह आदतन स्लीवलेस थी। एक बिहारी ने तो मफलर इतनी कस कर बांध रखी थी कि बस नाक सांस ले सके और आंख देख सके। कार्यकर्ता ने आ कर उस का मफलर खुलवा दिया है। ध्यान की कक्षा शुरू हो गई है। आडियो पर निर्देश शुरू हो गया है। हिंदी और अंगरेजी में। वह डूब गया है ध्यान में। पेट और पेट के नीचे तृप्ति रहे तो सब कुछ अच्छा लगता है। हर काम में मन लगता है। भूखे भजन नहीं होय गोपाला, ले तेरी कंठी ले तेरी माला! वैसे ही तो नहीं कहा जाता।

ध्यान की धरती पर वह उनमुक्त और तृप्त हो कर उपस्थित है। कहा जाता है कि बच्चा अर्थ पहले समझता है, शब्द बाद में। तो विनय के

साथ भी यही हो रहा है। ध्यान पहले समझ आया उसे। ध्यान समझने के बाद ध्यान का आनंद अब समझ आ रहा है। अलौकिक आनंद। तो क्या अगर इस विपश्यना शिविर में उसे वासना का आनंद न मिला होता तो वह इस परिपूर्णता में नहीं ध्यान नहीं कर पाता। वंचित रह जाता। क्या पता। आज वह गहरे जल में नहीं, ध्यान के आकाश में उड़ रहा है। किसी पक्षी की तरह नील गगन में जल का अपना आनंद है। आकाश का अपना आनंद है। तुलना करना ठीक नहीं। अलौकिक दोनों हैं। अलौकिक आनंद। कभी सुबह-सुबह उठ कर आकाश देखना भी विस्मृत कर देता है। जैसे झील के जल में ख़ुद को देखना होता है वैसे ही आकाश देख कर आकाश में उड़ना होता है। जैसे नयन, वैसे गगन। पंछी की तरह गगन में खो जाना भी एक सुख है। अविरल सुख। आज के ध्यान में वह गगन में पंछी की तरह ही उड़ता जा रहा है। खोता जा रहा है। उड़ान बढ़ती ही जा रही है। जैसे धरती की कक्षा से निकल कर वह आकाश की कक्षा में पहुंच जाना चाहता है।

तो क्या वह कोई यान बन गया है ? यान बन गया है कि कोई उपग्रह ?

क्या पता !

ध्यान भी यान ही है। आकाश में यान ही उड़ता है। ध्यान में मन। मन का उड़ना भी तो ध्यान है। सांस का आना-जाना, सांस का स्पर्श क्या है आख़िर। जब वह गहरे जल में डूबता है तो क्या पनडुब्बी बन जाता है। लगता तो ऐसे ही है। अच्छा जो उपग्रह बन गया तो क्या फिर कभी धरती पर लौट सकेगा। वह सोचता रहता है। सोचता रहता है और नींद की नाव मिल जाती है। वह अपने टीनएज दिनों में लौट जाता है। मां अकसर टोकती रहती थी झिझोड़ कर पूछती, 'कितना सोओगे बेटा !' वह मां की बात काटते हुए कहता था, 'सो नहीं रहा, सोच रहा हूं।' यह उस के साथ अकसर ही होता रहता है कि जब वह बहुत सोचता है तो सो जाता है। सोता रहता है।

सोचता रहता है। सोचना और सोना दोनों गुत्थमगुत्था पूरक। सोना जैसे सोचने की खाद है। पानी है। सोने से स्फूर्ति मिलती है। ताज़गी मिलती है। नाक बज रही है। कार्यकर्ता आ कर झिझोड़ रहा है। यह आए दिन का दृश्य है विनय के लिए। घटना भी कह सकते हैं। दुर्घटना भी। हर सत्र में यह नींद की नाव उसे मिल ही जाती है। कभी पिता कहते थे, 'कितना सोते हो !' पिता को वह कभी जवाब नहीं देता था। मां से तो बता देता था कि सो नहीं रहा, सोच रहा हूं। वह जब सुबह भी देर तक सोने लगा तो एक बार पिता ने उसे समझाते हुए कहा, 'सुबह उठ कर देखो, स्वर्ग जैसा एहसास होगा।' ऐसा जब कई बार कहा पिता ने तो एक दिन विनय ने पिता से कहा 'कभी आप सुबह देर तक सो कर देखिए, स्वर्ग से भी ज़्यादा आनंद मिलेगा इस में।' पिता भड़क गए थे। बुआ से कहने लगे, 'बहुत बेशर्म हो गया है ! '

बेशर्म ही हो गया है विनय इस विपश्यना शिविर में भी। चौतरफा बेशर्मी। नींद के कारण ध्यान कक्ष में रोज ही देर से आना। फिर ध्यान में भी जब-तब नाक का बजना। ऊंघते-ऊंघते बैठे-बैठे गिर पड़ना। रुटीन है यह। फिर स्त्रियों को जब-तब नज़र बचा कर देखना। उन की मांसलता को निहारना। तिस पर वासना में संलग्न हो जाना। यह तो बहुत बड़ी बेशर्मी है। जिस शिविर में बोलना मना हो। संकेतों में भी कुछ कहना मना हो। वहां यह वासना। विपश्यना में वासना। हद दर्जे की बेशर्मी है यह। अगर कोई देख ले तो विपश्यना शिविर से बाहर का रास्ता तुरंत दिखा दिया जाएगा। यह भारी अनुशासनहीनता है। पर क्या करे विनय। वासना विषय ही ऐसा है। आग का दरिया है ही। सारे ख़तरे खेल कर ही यह खेल खेला जा सकता है। ताज़, तख़्त सब बेमानी है इस के आगे। एक भदेस कहावत उसे याद आ जाती है; ताज़ चाहिए, न तख़्त ....!

जब कोई उस की नींद तोड़ता है तो बहुत बुरा लगता है। दुश्मन नज़र आता है, नींद तोड़ने वाला। सारी दुनिया एक तरफ, नींद एक तरफ।

पर यहां इस विपश्यना में नींद की नाव बहुत सुहानी लगती है। बारह-बारह घंटे की साधना में नींद ही तो एक है जो सारी थकान और ऊब को बिजली के झटके जैसी गति से दूर कर देती है। तरोताज़ा बना देती है। वह दो की ही सुन पाता है। एक दिल की दूसरे नींद की। एक नींद ही है जो तमाम तनाव और मुश्किलों से ब्रेक दिला देती है। ध्यान को और घना और माकूल बना देती है। ऐसे जैसे एयरकंडीशन, कंडीशन कर देता है। उस के मन की हरियाली और हरी-भरी हो जाती है। संभोग और नींद दोनों ही आदमी को तरोताज़ा बना देने वाले कारक हैं। दोनों ही में खलल, दिमाग में खलल डालता है।

ध्यान की उड़ान में वह जाने क्या-क्या सोचता चला जाता है। तो क्या पंछी भी उड़ते हुए कुछ सोचते हैं। वह नहीं जानता। पर उस ने अकसर कई जगह देखा है कि सारे पक्षी हर शाम इकट्ठे हो जाते हैं। झुंड के झुंड। बिजली के किसी लंबे तार पर रेलवे स्टेशन के किसी प्लेटफ़ार्म की छत पर किसी विशाल वृक्ष पर सैकड़ों की संख्या में रोज लगभग एक ही समय। ऐसे जैसे उन की संसद लगती हो। एक दूसरे से इधर-उधर फुदक-फुदक कर बतियाते हैं। फिर कोई दस-बीस मिनट में फुर्र हो जाते हैं। दिन भर की थकान उतारते हुए, एक दूसरे का हालचाल ले कर अलग-अलग दिशाओं में थोड़े-थोड़े कर उड़ते जाते हैं। ऐसे ही शहर में कुछ मूक-बधिर लोगों को भी किसी न किसी अड्डे पर इकट्ठे होते देखा है। आते हैं। इशारों में बतियाते हैं। हंसते हैं। लड़ते-झगड़ते हैं। फिर धीरे-धीरे निकल लेते हैं। तो क्या इस विपश्यना शिविर में इकट्ठा हुए लोग, ध्यान करते हुए लोग पंछी हैं। कि मूक बधिर हैं। पर यहां तो बोलना-बतियाना सब मना है। संकेतों में भी बतियाना मना है। तो फिर यह सारे साधक क्या हैं। और इस विपश्यना शिविर में जो घंटा बजता है, कभी स्कूल के घंटे की याद दिलाता है तो कभी जेल के घंटे की याद। स्कूल में क्लास और विषय की बात घंटे से समझ

में आती है। जेल में उठने, सोने, खाने का घंटा बजता है। तो क्या यह एक क़िस्म की जेल है ? ऐसी जेल जिस में बतियाना, मिलना आदि भी निषेध है। ऐसे गोया सिगरेट के डब्बे और शराब की बोतल पर इंज्यूरियस फॉर हेल्थ लिखा होता है। सिगरेट और शराब फिर भी लोग पीते हैं।

और यहां ?

इतनी बंदिश में ध्यान। बंदिश में ध्यान कैसे हो सकता है। लेकिन हो तो रहा है। विनय जैसे ख़ुद से ही सवाल-जवाब करता है। चुप की इस राजधानी में तर्क नहीं, निर्देश लागू होते हैं। सेना की तरह का अनुशासन लागू होता है। नो तर्क, नो वितर्क। वनली आर्डर। मन कई बार बाग़ी हो जाना चाहता है। सच बोलना अगर बग़ावत है तो हां, हम भी बाग़ी हैं ! कहना चाहता है। लेकिन कहां और किस से कहे विनय। यहां कोई सुनने वाला नहीं है। कोई कहने वाला भी नहीं है। सवाल करने पर विपश्यना शिविर से बाहर कर दिए जाने का ख़तरा मंडराता रहता है। ऐसा लिखित अनुबंध पत्र पर दस्तख़त करवाया जा चुका है। फिर ध्यान में जो सुख मिल रहा है, जो तनाव तंबू टूट रहा है, पल-पल टूट रहा है, यह लाभ भी कोई छोड़े तो कैसे भला। एक डाक्टर का लड़का है। बीस-बाइस बरस का। वह भी विपश्यना करने आया है। नशे की सारी सरहद तोड़ कर ज़िंदगी बर्बाद कर सुधरने आया है। डाक्टर सारे इलाज कर के हार गए तो उम्मीद की आख़िरी किरण उन्हें विपश्यना की सीढ़ियों पर दिखी। शराब, ड्रग, मसाला स्मैक, हेरोइन आदि कुछ भी इस लड़के ने नहीं छोड़ा है। अब विपश्यना शिविर में वह यह सब छोड़ना सीख रहा है। दूसरी बार आया है। पहली बार में आंशिक सफलता मिली थी। इस बार सफलता का ग्राफ कुछ और बढ़ने की उम्मीद ले कर डाक्टर ने बेटे को यहां भेजा है। ख़ूब सुंदर सा चॉकलेटी चेहरे वाले इस लड़के को देख कर नहीं लगता कि इतना बड़ा नशेड़ी रहा होगा। बस यहां ऐसे ही लोग अपनी-अपनी व्याधियों से मुक्ति पाने आए हैं।

तनाव मुक्त होने आए हैं। जाने कितना हो रहे हैं, लोग ही जानें। कितनों के कितने घाव हैं, कोई नहीं जानता। विपश्यना का ध्यान कितनों के घाव सुखा रहा है, कोई नहीं जानता। विनय भी नहीं जानता।

विनय यह ज़रूर जानता है कि इस विपश्यना शिविर में आ कर वह दो नशे की गिरफ़्त में आ गया है। एक ध्यान का नशा। दूसरे मल्लिका का नशा। नशा किसी भी चीज़ का हो बुरा ही होता है, विनय यह बात भी जानता है। फिलहाल तो वह ध्यान में है और गगन को गा रहा है। बंद नयन से नील गगन का गान। गगन में मगन विनय का ध्यान अचानक साधु-साधु ! की आवाज़ से टूटता है। ध्यान सत्र समाप्त हो गया है।

बाहर हल्की धूप है। मन में ढेर सारी ठंड।

इस शिविर में कुछ और स्त्रियां भी हैं। ऐसे जैसे वह अपनी स्त्री को, अपनी देह को ढो रही हों। पता नहीं क्यों ?

असल में कुछ स्त्रियां अपने संध्याकाल में देह के बिना भी प्रेम की परिकल्पना करती हैं। बल्कि अपने इस अमूर्त प्रेम की पैरवी भी करती मिलती हैं। तो क्या यह स्त्रियां मीरा बनने की चाह रखती हैं। लेकिन मीरा तो बचपन से ही कृष्ण जानती है। साक्षात नहीं, मूर्ति जानती है। प्रेम का यह आध्यात्मिक पक्ष है। अलौकिक है यह प्रेम अगाध है यह। इसी लिए रजनीश कहते थे कि मीरा तो एक शराब है। विनय का मानना है कि प्रेम भी एक शराब है। एक नशा है। शाश्वत है। लेकिन देह के बिना प्रेम की परिकल्पना करना प्रेम का पलायन काल है। अपने आप से झूठ बोलना है। जिस को शौक हो बोले। सच यह है कि प्रेम पलायन नहीं जीना सिखाता है। देह भी इस में महत्वपूर्ण फैक्टर है। देह को बिसरा रही स्त्रियों की बात और है। पर देह के बिना प्रेम सोचना अपने आप में प्रेम को खंडित करना है। बिना देह के प्रेम मुकम्मल नहीं होता। भोजन कैसा भी हो, कितना भी स्वादिष्ट हो, देख कर पेट नहीं भरता। देह सामने हो, प्रेम भी हो, आप फिर

भी अमूर्त की कल्पना करें तो आप से बड़ा अभागा कोई नहीं है। बाकी तुम्हीं हो माता पिता तुम्हीं हो, तुम्हीं हो बंधु, सखा तुम्हीं हो ! हाथ जोड़ कर गाते रहने में भी कोई बुराई नहीं है। प्रेम इस में भी है। कोई भी गा सकता है। मनाही थोड़े ही है। अपनी-अपनी खुमारी है।

वह कंबल ओढ़े कमरे में पड़ा हुआ है। जी उचट गया है। सुबह नाश्ते में लोगों का घूरना उसे भीतर तक बेध गया है। जैसे जाड़ा बेध रहा है। भय और ज़्यादा बेध रहा है। कलंक से वह बहुत डरता है। तो क्या अब वह मल्लिका से नहीं मिलेगा ? पूछता है विनय, अपने आप ही से। जवाब नहीं दे पाता। कोई जवाब हो भी कैसे सकता है। ऐसी बातों का कोई जवाब नहीं होता। घंटा बज गया है। वह बिना कोई देर किए बिस्तर छोड़ कर ध्यान कक्ष की तरफ चल पड़ा है। रास्ते में उसे घंटी बजा कर जगाने वाला कार्यकर्ता दिख गया है। वह विनय को देख कर अचरज में पड़ कर मुस्कुराने लगा है। वह भी सहज ही मुस्कुरा देता है। ध्यान कक्ष में मल्लिका भी आती दिख जाती है। उसे देखते ही वह ठहर सा जाता है। ठिठक कर खड़ा हो जाता है। वह अनायास उस के पास से गुज़रती है। ठहर कर उसे चुटकी काट कर किसी गौरैया की तरह फुदकती हुई चली जाती है। पीछे-पीछे वह भी उस के नितंबों को निहारता हुआ चल देता है। उस के नितंब में एक अजीब सी हलचल दिखती है उसे। उथलपुथल सी। जैसे उस के भीतर। आज वह लाल टोपी भी लगाए हुई है। सर पे लाल टोपी रुसी गाने की याद आ जाती है विनय को। वह गाने में वर्णित किसी बिगड़े दिल शहजादे की तरह अपने आसन पर बैठ जाता है। आडियो अभी नहीं बजा है। आचार्य भी अभी नहीं आए हैं। इसी से पता चलता है कि आज वह अच्छे बच्चों की तरह समय से ध्यान कक्ष में आ गया है। वह किसी की तरफ देखना नहीं चाहता। वह नहीं चाहता कि कोई उसे घूर कर देखे। उस के नयन बंद हो गए हैं। आना-पान की सीढ़ियों पर है वह सुख के

सागर की अनुभूति हो रही है उसे। आडियो शुरू हो गया है। निर्देश मिलने लगे हैं। वह गगन की ओर अग्रसर है। पंछी बना हुआ वह ध्यान के शिखर को महसूस कर रहा है। अचानक जाने कैसे वह जल में आ गया है। ऐसे जैसे यान हवाई पट्टी पर उतर गया हो। उतर कर दौड़ रहा हो। बेतहाशा।

यह क्या है ? कौन सी यात्रा है यह।

वह समझ नहीं पाता। समझने की कोशिश भी नहीं करता। ध्यान है। चाहे जहां, जैसे भी ले जाए। जिस दिशा भी ले जाए। उस ने अपने आप को मुक्त छोड़ दिया है। जैसे डेंटिस्ट कहता है, मुंह ढीला छोड़ दीजिए। इंजेक्शन लगाने वाला कंपाउंडर कहता है, हाथ ढीला छोड़ दीजिए। उस ने उसी तरह ख़ुद को उनमुक्त छोड़ दिया है। अड़ना छोड़ दिया है। बरास्ता सांस। जैसे रात में ख़ुद को मल्लिका के हवाले कर बैठा था। तो क्या वह बिना पतवार की नाव है। जो चाहे जैसे चाहे, जहां चाहे बहा ले जाए। कभी सांस, कभी नींद, कभी मल्लिका। ऐसे जैसे उस का कोई अस्तित्व ही नहीं है। वह सोचता है। सोचता है कि यह अस्तित्व ही तो उसे नष्ट कर देना है। मक़सद तो यही है इस विपश्यना का। आख़िर अस्तित्व रहेगा तो वह तटस्थ कैसे रहेगा। कैसे हो पाएगा तटस्थ। यही तो उसे सीखना है। गोरखनाथ कहते ही हैं, मरो वै जोगी मरौ, मरण है मीठा / मरणी मरौ जिस मरणी, गोरख मरि दीठा। गोरख अहंकार को मारने की बात कहते हैं। अहंकार मर जाएगा तो आदमी खुद ब ख़ुद तटस्थ हो जाएगा। अस्तित्वहीन, अहंकार रहित व्यक्ति ही ख़ुद से दुनिया से तटस्थ हो सकता है। दुःख-सुख सब से मुक्त हो सकता है। हमारा - तुम्हारा जब रहेगा ही नहीं तो दुःख कैसा और सुख कैसा ! सुख की इस उजास में ख़ुद को पा कर विनय विनयवत हो गया है।

घंटा बज गया है। लंच का। विनय आसन छोड़ कर उठ रहा है। उठते हुए सोच रहा है कि कैसे लोगों का सामना करेगा डाइनिंग हाल में।

फिर सोचता है कि क्या पता लोग घूर रहे हैं, यह उस के मन का कोई भ्रम हो। क्यों कि अगर किसी ने कुछ जाना था तो वह शिकायत कर सकता था। आचार्य या शिविर प्रबंधन बुला कर उस से पूछताछ कर सकते थे। जो नहीं किया गया है अभी तक। इस का मतलब है कि कहीं कुछ भी नहीं है। जो भी है, उस का भ्रम है। उस के मन में बैठा अपराध है। पाप है। यह सोचते ही वह मुस्कुरा पड़ता है। निर्द्वंद्व हो जाता है। डाइनिंग हाल में वह सीना तान कर बैठा भोजन कर रहा है। इन को, उन को घूर रहा है। ऐसे जैसे उल्टा चोर कोतवाल को डांटे। उसे कोई नहीं घूर रहा है। तो क्या चोर की दाढ़ी में तिनका था वह सुबह का लोगों का घूरना। यह दृश्य देख कर वह निरापद हो जाता है। उस के मन में बैठा डर भाग जाता है। भोजन के बाद वह कमरे में आ कर सो जाता है। बेफिक्र।

ध्यान और नींद। नींद और ध्यान। नींद में ध्यान। ध्यान में नींद। ऐसे जैसे सारी बीच नारी है कि नारी बीच सारी है / नारी ही कि सारी है कि सारी ही कि नारी है। वाली भूषण की उक्ति दुहरा रही हो ख़ुद को। तो क्या वह द्रौपदी की तरह चीर हरण में घिर गया है। फिर यह मल्लिका कौन है। कौन कृष्ण है जो उस की लाज बचा रहा है। कहीं द्रौपदी का कर्ज़ तो नहीं उतार रहा कोई कृष्ण। कितने लोग जानते हैं कि एक बार कृष्ण कुंड में पांडवों के साथ नहा रहे थे तो उन की लंगोटी खुल कर गुम हो गई। बगल के कुंड में द्रौपदी सखियों के साथ नहा रही हैं। द्रौपदी को जब यह पता चलता है तो वह अपनी साड़ी को फाड़ कर उस की एक चीर कृष्ण की तरफ फेंक देती हैं। कृतज्ञ कृष्ण वही कर्ज़ उतारते हैं, भरी सभा में द्रौपदी की लाज बचा कर। ध्यान, नींद, मल्लिका का अजब त्रिकोण रच गया है विनय का इस विपश्यना शिविर में। विपश्यना में वासना की यह युगलबंदी विनय को किस ठौर ले जाएगी, विनय भी नहीं जानता। वह तो बस जाहि विधि राखे राम ताहि विधि रहिये / विधि का विधान जान हानि लाभ सहिए।

में यकीन करता आया है। फिर यहां तो वह बुद्धम शरणं गच्छामि धम्मम शरणं गच्छामि संघम शरणं गच्छामि मंत्र में निबद्ध है। और बुद्ध कहते ही हैं, कुछ भी स्थाई नहीं है। सब बदल जाएगा। सब गुज़र जाएगा। उस ने बुद्ध की इस बात को स्वीकार कर रखा है।

तो क्या मल्लिका भी गुज़र जाएगी ?

मल्लिका नाम ही अस्थाई है। जो उस ने अपनी सुविधा के तौर पर गढ़ रखा है। जाने उस का असल नाम क्या है। उस का असल नाम वह कभी जान भी पाएगा, नहीं जानता। किसी अनाम स्त्री से, रुसी स्त्री से बिना किसी संवाद के वह इतना जुड़ जाएगा, इतना प्रगाढ़ संबंध बना लेगा, वह भला कहां जानता था। उन दोनों के अलावा कोई तीसरा भी नहीं जानता। न जाने तो ही बेहतर। अभी ध्यान के दो सत्र और प्रवचन का एक सत्र शेष है। पर वह रात में मोगरे की महक की प्रतीक्षा में विकल है। प्रतीक्षारत है। आया है ध्यान करने। विपश्यना करने। और वासना में डूब गया है। जैसे वासना ही ध्यान है। ध्यान ही वासना है। बैरागी बनने आया था मल्लिका के चक्कर में रांझा बन गया है।

साधु-साधु !

यह मल्लिका है कि मेनका ? जो भी हो विनय विश्वामित्र नहीं है। मेनका का तलबगार ज़रूर है। तो क्या मल्लिका रुपी मेनका भी किसी विश्वामित्र की तपस्या तोड़ने में न्यस्त है। पर विनय तो तपस्वी भी नहीं है। किसी तपस्या में भी लीन नहीं है। तो तपस्या भी कोई क्या तोड़ेगा। यह तो एक संयोग है। एक खिंचाव और प्रारब्ध है। प्रेम है। ऐसे जैसे कोई फूल खिले। यह फूल खिलना ही चाहत बन गया। भूख और प्यास बन गई। फूल खिलने में प्रकृति का हाथ होता है। तो मल्लिका और विनय की अनायास प्रगाढ़ता भी प्रकृति की ही देन है। यह संबंध सायास नहीं, अनायास हो गया है। मल्लिका अगर मोगरे की तरह महकती मिलती है विनय से तो विनय

भी मल्लिका के प्रेम के आगे विनयवत बिछ जाता है। चार-पांच दिन और कुल दो ही रात का यह संबंध इतना सुगंधित इतना सुवासित, इतना सुरभित बन जाएगा विनय भी कहां जानता था।

तो क्या मल्लिका जानती है ?

ध्यान के सत्र में मल्लिका जब स्लीवलेस मिलती है तो उस की कोंपलों सी नर्म बाहों में जाने कितने फूल खिल जाते हैं। प्रवचन के सत्र में वह नहीं मिलती। वह अंगरेजी वाले प्रवचन कक्ष में होती है और विनय हिंदी वाले प्रवचन कक्ष में। इस प्रवचन सत्र में वह मल्लिका के बारे में बिलकुल नहीं सोचता। आचार्य सत्यनारायण गोयनका का प्रवचन इतना दिलचस्प और कसा हुआ होता है, कि कुछ और सोचने का अवकाश ही नहीं देता। मल्लिका को भी वह भूल जाता है। प्रवचन के थोड़ी देर बाद ही तमाम थकान के बावजूद विनय थोड़ी देर टहलता है। इस टहलने में ही मल्लिका उसे मिलती है। नाश्ते और लंच में फ्लर्ट के बाद, ध्यान कक्ष में चिकोटी के बाद वह टहलने में मिलती है। अचानक मिलती है। दो जुड़वा होठों में आग है, सांसों में राग। बेतहाशा चूमती है और इस सर्द रात में निर्वसन हो जाती है। बिना किसी नखरे के। असंभव भी संभव बन जाता है। संभोग के आवेग में वह बह जाता है। आज फिर वही रात है और वही मल्लिका। उस की बांहों में मल्लिका कसमसा रही है और रात भी। सर्द रात में यह सनसनी विनय के लिए आमोद का अंग बनी हुई है। वासना की लहरों का मेला लगा हुआ है। वह आकाश बन कर विनय पर छा रही है। छाती जा रही है। ऐसे जैसे आसमान, धरती पर झुका जा रहा हो। विनय धरती बना, मल्लिका के आकाश में खो रहा है। आकाश ने जैसे धरती को ढक लिया है। मल्लिका उसे चूम रही है किसी पुरुष की तरह। चूमते-घूमते उस के अधर बेकाबू हो जाते हैं। उस की जिह्वा लपलपाने लगती है। वह चूम रही है। विनय की देह पर मल्लिका के अधर और जिह्वा इधर-उधर घूम रहे हैं। जैसे लांग ड्राइव

पर हों। जैसे कोई भंवरा, कोई पुष्प से पराग कण चूस रहा हो। मल्लिका ऐसे ही पराग कण चूस रही है। जाने कौन सा शहद बटोर रही है।

विनय आनंद में है। निर्मल आनंद।

मल्लिका अचानक मिट्टी बन गई है। विनय को कुम्हार का चाक बना लिया है। जैसे कोई मिट्टी का बर्तन बना रही हो। वह चाक पर आहिस्ता-आहिस्ता घूम रही है। जाने घड़ा बना रही है कि सुराही या कुछ और। वही जाने। वह चाक पर निरंतर नाच रही है। घूम रही है। गोल-गोल। आहिस्ता-आहिस्ता। आहिस्ता-आहिस्ता रफ़्तार बढ़ा रही है। गोया ट्रैफिक में हो। दो नंबर के गेयर पर आहिस्ता-आहिस्ता। कार चल रही हो। रुक-रुक कर। क्लच ले-ले कर। गेयर बदल-बदल कर। कभी एक नंबर, कभी दो, कभी तीन फिर अचानक दो। लगता है ट्रैफिक जाम ख़त्म हो गया है। वह टॉप गेयर में आ कर स्पीड बढ़ा चुकी है। स्पीड इतनी है कि कुम्हार की चाक पर बन रहा घड़ा, घोड़ा बन गया है। वह हांफ रही है। हांफ रही है कि झूला झूल रही है। गोया घोड़े पर बैठी हो और घोड़ा दौड़ रहा हो। वह सारी धरती नाप लेना चाहती है। किसी उद्दंड घुड़सवार की तरह वह बेपरवाह हो गई है। अस्त-व्यस्त हो कर वह निढाल हो कर जैसे घोड़े की गर्दन पकड़ कर लेट गई है। धरती और आकाश की दूरी समाप्त हो गई है। सफल संभोग की ख़ुशी मल्लिका की देह की पोर पोर से छलक रही थी। विनय सराबोर है। उस की इस ख़ुशी से अपनी तृप्ति से तरबतर।

और तो कोई नहीं पर चांद जैसे दूर से दोनों को निहार रहा था। शीत में सनी यह चांदनी जैसे मल्लिका के चंदन से बदन को स्पर्श कर रही थी। विनय इस देह चूमती चांदनी को देख कर विभोर हो गया।

सुबह जब घंटा बजा तो वह बिस्तर छोड़ कर तुरंत उठ खड़ा हुआ। नहा-धो कर ध्यान कक्ष पहुंचा तो मुश्किल से पांच-सात साधक ही उपस्थित थे। सब के सब उसे देख कर मुस्कुराने लगे। कि रोज सब से देर में आने वाला इतनी जल्दी कैसे आ गया। विनय तो मल्लिका के दीदार ख़ातिर

भागा-भागा आया था। नींद को तिलांजलि दे कर। आलस को लात मार कर। पर सब विफल हो गया। पर मायूस नहीं हुआ विनय। दरवाज़े की तरफ नयन लगा कर बैठ गया। जैसे मल्लिका के स्वागत ख़ातिर पलक पांवड़े बिछा कर बैठ गया। मन की अलगनी पर बैठी प्रतीक्षा मल्लिका की मनुहार में तैनात हो गई। जाने कौन सा परफ्यूम लगाती थी मल्लिका कि दरवाज़े पर आने से पहले ही आहट मिल गई। वह भीतर आई और विनय को पहले से ही बैठे देख कर चौंक गई। आंखों ही आंखों में विनय ने उस का स्वागत किया। वह जाने क्यों उस के पास तक आई और बड़ी तेज़ी से मुड़ कर अपने आसन पर बैठ गई। यह सब कुछ इतनी तेज़ी से घटा कि कोई कुछ समझ ही नहीं पाया। आज उस की कोंपलों सी नर्म बाहें स्लीवलेस नहीं थीं। बंद थीं। कुहनी तक। बालों पर स्कार्फ़ था। तो क्या रात उसे ठंड लग गई ? यह सोच कर वह किंचित चिंतित हुआ। तब तक आचार्य आ गए। आचार्य भी विनय को बैठे देख कर चकित हुए। ख़ास ढंग से आंखें फैला कर अपना आश्चर्य जाहिर किया और संतोष भी जताया। कि एक बिगड़ैल विद्यार्थी सुधर गया। ऐसा ही कुछ भाव था। आचार्य नहीं जानते कि विनय तो परीक्षा कक्ष में भी देर से पहुंचता रहा है। आफ़िस भी रोज देर से ही पहुंचता है। वह गाना है न, मैं देर करता नहीं, देर हो जाती है। तो कोई भी आलसी हो, उसे देर तो होनी ही है। हर जगह होनी है। फिर विनय की तो अकसर ट्रेन और फ्लाइट भी इसी देर में छूट जाती है। अकसर छूट जाती है। पर आचार्य और लोग यह सब क्या जानें। क्या जानें कि आलस का सौंदर्य ऐसे ही होता है। और चौंक पड़ते हैं लोग विनय के देर से आने या जल्दी आने पर आंख फैल जाती है लोगों की। व्यर्थ ही यह नियम बना दिया गया है इस विपश्यना शिविर में कि कोई संकेतों में भी बात न करे। आंख तो लोगों की बोलती ही रहती है। अभी जैसे आचार्य की आंख बोली। जैसे जब विनय आया तब उपस्थित लोगों की बोली। मल्लिका की आंख भी बोली।

बॉडी लैंग्वेज भी लोगों की बोलती ही रहती है। मल्लिका की ही नहीं और भी स्त्रियों के नयन, वक्ष, नितंब बोलते ही रहते हैं। कुछ स्त्रियों की उदास देह भी दिखती ही है। लगता है जैसे उन स्त्रियों के जीवन में जीवन ही शेष नहीं है। किसी शव की तरह हिलती-डुलती दिखती हैं। सारी हंसी-ख़ुशी उन की स्वाहा हो गई लगती है। ख़ुद तो निर्जीव और मनहूस बनी ही रहती हैं, देखने वालों को आसपास के लोगों को भी निर्जीव और मनहूस बना देती हैं। उन का भी जीवन छीन लेती हैं, अपनी मनहूसियत से।

मल्लिका जैसी हंसती-खिलखिलाती स्त्रियां ही पसंद हैं विनय को। जिन की लचकती देह ललचाती है। महकती और महकाती हुई। नित नई सृष्टि रचती हुई।

गहरे ध्यान में है वह। आज ध्यान में वह न जल में पहुंचा है न, गगन में। हिमालय पहुंचा है। वह हिमालय जहां कभी गया ही नहीं। सिर्फ़ फ़ोटो और सिनेमा में ही देखा है। गया तो वह गगन में भी नहीं कभी। पर जहाज में बहुत गया है। बादलों के पार गया है। बहुत दूर से ही सही गगन को देखा तो है। बादलों के जंगल को देखा है। धरती से भी रोज देखता ही है। गगन के बहाने सूर्य, चंद्रमा और तमाम तारों को देखता है। बादल भी। गगन में बादलों के अंबार एक अलग ही दुनिया रचते हैं। जैसे बादलों का घना जंगल हो। बादलों की ही बस्ती हो। गोया लोग भी बादल ही हों। बादल, बिजली और सागर कभी प्यास नहीं बुझाते। पर हिमालय से पिघल कर बहती हुई आती गंगा तो प्यास बुझाती है। मनुष्य की भी, धरती की भी। अमृत भी माना जाता है गंगा जल को। तो अगर ध्यान में आती-जाती सांसों के बीच हिमालय आ खड़ा हुआ है तो कुछ तो बात है। बात है तो महत्वपूर्ण भी होगी। हिमालय ध्यान में आते ही टाइगर हिल और कंचजंघा का भी ध्यान आ गया। बर्फ़ बहुत पसंद है विनय को। बर्फीली जगहें भी। पर इस ठंड के मौसम में हिमालय का ध्यान उस में और ज़्यादा जाड़ा भर देता है।

ऐसे जैसे कोई टायर में ज़्यादा हवा भर दे। वैसे ही। यह हिमालय है या सिर्फ़ बर्फ़। सिर्फ़ बर्फ़ उत्तुंग शिखर तो नहीं हो सकती। यह हिमालय ही है। कहीं ऐसा तो नहीं कि मल्लिका बर्फ़ीली जगह से आती है इस लिए उसे ध्यान में बर्फ़ ही दिखता है। हिमालय और गगन में कितनी तो कम दूरी है। कम से कम फ़ोटो में तो ऐसे ही दिखता है। फिर तो धरती से भी दूर गगन बहुत पास दिखता है। वह इधर-उधर भटकता फिरता है। पर घूम फिर कर फिर हिमालय। जैसे उड़ि जहाज की पंछी, फिरि जहाज पै आवै वाली स्थिति है।

घर में होता तो पत्नी से पूछता कि इस का क्या मतलब ? पता नहीं क्या है कि हर सपने के प्रतीक का कुछ न कुछ उत्तर पत्नी के पास होता है। कि इस के यह मतलब हैं। सपने में जो स्त्रियां कभी-कभार आ जाती हैं, विनय कभी उन के बारे में कुछ नहीं पूछता। क्यों कि जीवन में उसे शांति पसंद है। और ध्यान में यह हिमालय भी उसे असीम शांति दे रहा है। ध्यान का कुल लक्ष्य ही यही है कि शांति। मन की शांति। जल में गहरे जल में मिले, नील गगन में मिले, श्वेत धवल हिमालय में मिले कि लचकती ललचाती मल्लिका में मिले। मतलब और मक़सद तो बस शांति से है। चिर शांति। सारी साधना, सारा ध्यान बस शांति के लिए है। शांति है तो सुख है। सुख है तो संतुष्टि है। शांति इतनी नीरवता दे गई है कि नींद की नाव पुनः उपस्थित है। स्तब्ध विनय अपनी ही नाक की आवाज़ से हिल जाता है। नींद की नाव जैसे सहसा उलट गई है। धारा के तेज़ बहाव में। ध्यान की धारा में धरती पर आना भी आसान नहीं होता। वह तो डूबा है हिमालय में। हिमालय की धवलता में। हिमालय की बर्फ़ में पिघलती बर्फ़ में ख़ुद को भीगता हुआ, गलता हुआ डूबता हुआ पा रहा है। कोई बात ऐसी हो गई है आडियो में जिसे वह सुन नहीं सका है ध्यान में डूबा रहने के कारण। पर साधु-साधु ! बोलते हुए कुछ साधक झूम गए हैं। साधकों के स्वर में साधना की सुगंध है। साधना की लहर और लोच है। एक मद्धिम सा संगीत है।

साधु-साधु !

वह नाश्ते की मेज़ पर है। अकेला। सामने की मेज़ पर मल्लिका है। कटे हुए पपीते की लंबी-लंबी फांक है उस की प्लेट में। पपीता ऐसे अर्थपूर्ण ढंग से उसे दिखाते हुए वह खा रही है गोया विनय को खा रही हो। खा जाना चाहती हो। विनय को मल्लिका की यह अश्लील अदा अच्छी नहीं लगी है। मुंह फेर लिया है, मल्लिका से। आख़िर डाइनिंग हाल भरा पड़ा है लोगों से। एक से एक लोग हैं यहां। ख़ूब पढ़े-लिखे लोग भी, साक्षर भी। एक साइंटिस्ट भी है। कई सारे प्रोफेशनल्स हैं। विभिन्न क्षेत्र के। वह नाश्ता जल्दी से ख़त्म कर अचानक उठ खड़ा हुआ है। कमरे में आ कर तकिया बांह में ले कर लेट गया है। आज वह मल्लिका की उस एक हरकत से इतना खिन्न हुआ है कि उगते हुए सूर्य की लाली देखने के लिए रोज की तरह गोभी वाले खेत के पास चबूतरे पर भी नहीं बैठा।

विपश्यना में वासना का यह कौन सा संगीत है ?

वैसे भी मल्लिका क़द में विनय से लंबी है। विनय से तीन-चार इंच ज़्यादा तो होगी ही। कोई छ फ़ीट की तो होगी। ख़ूब गोरी। अपेक्षतया युवा। वासना के व्यसन में ज़्यादा पारंगत। ज़्यादा आक्रामक। उस के वक्ष और नितंब भी पुष्ट हैं। तन्वंगी नहीं है पर थुलथुल भी नहीं है। मांसल बहुत है। उस की मांसलता की मादकता में ही रीझ गया है वह। रांझा बन गया है। विनय के पास बस विनय ही है। विनयवत ही समर्पित है वह। जानता है कि यह संबंध ज़्यादा नहीं चलना। विपश्यना शिविर में सत्र समाप्त, यह संबंध समाप्त। इस संबंध का जितना रोमांच और जितना सुख मिल सके, चुपचाप प्रसाद की तरह ग्रहण कर चुप रहना ही निरापद है। चुप की इस राजधानी में बिना किसी संवाद के बिना किसी प्रयास के यह अलौकिक सुख मिल जाना सिर्फ़ सुखद संयोग ही है। सो इस में बहुत डिमांडिंग होना बहुत ज़्यादा शुचिता और सलीक़ा की तलाश करना ज़रा-ज़रा सी बात पर भड़कना गुड बात तो नहीं ही है। अंतत: अजनबी बन कर विदा हो जाना है।

तिस पर मल्लिका ठहरी परदेसी। परदेसियों से न अंखियां मिलाना वाला गाना वह अरसे से सुनता आया है। सुनता आया है चलो एक बार फिर से अजनबी बन जाएं। जाहि विधि राखे राम ताहि विधि रहिए में भी वह यक़ीन करता ही है। कुल मिला कर यह कि मल्लिका के प्रति वह कृतज्ञ है। पूरी तरह कृतज्ञ। नत है उस से मिले इस सुख के प्रति। मधुर मिलन के इस सुख के प्रति। वह न होती तो इस विपश्यना शिविर में शायद इतना मन नहीं लगा पाता वह। उस के मन में एक उदासी और शुष्कता का भाव आने लगा था। मल्लिका से मिलने के बाद शुष्कता समाप्त हो गई। उदासी फुर्र हो गई। ध्यान् का निर्मल आनंद मिलने लगा। ध्यान के प्रति वह ज़्यादा समर्पित हो गया। इस साधना में विनय नाम के साधक का जीवन सुंदर हो गया। सुंदरतम। ठंडी हवाओं के बीच ऊष्मा का संचार वह कभी कैसे भूल सकेगा।

घंटा बज रहा है।

पर वह तकिया बांह में दबोचे हुए पड़ा है। गोया तकिया नहीं, बाहों में मल्लिका हो।

ध्यान कक्ष में वह यंत्रवत पहुंच गया। बिना किसी की तरफ देखे अपने आसन पर सिट डाऊन हो गया है। मल्लिका को खोजने और देखने की भी तलब भी उसे नहीं लगी है। नयन बंद कर वह मन के किवाड़ भी बंद कर लेता है। उधो, मन न भए दस बीस। सोच कर सिर्फ़ सांस और सांस का स्पर्श। तटस्थ होने का दैनंदिन अभ्यास बंद नयन की गगरी में जैसे सागर आ गया हो। सुख का सागर।

वह गहरे जल में है पर जैसे हिमालय की किसी कंदरा में बैठा हुआ।

ध्यान में मान तो है, जान भी बहुत है। बस इसे साधना ही कठिन है। साधना कठिन ही होती है। चाहे जिस भी किसी की हो। विपश्यना की साधना बहुत कठिन। फिर विपश्यना की साधना में वासना। और कठिन।

बहुत दुर्लभ। लगभग असंभव। जैसे उस दिन वह गंवई स्त्री विपश्यना में विलाप कर बैठी थी। वह विलाप भी बहुत बेधक था। बहुत कठिन। विनय ही नहीं, बहुतों का मन द्रवित हो गया था उस स्त्री के उस विलाप में। फिर वह लंदन वाला लड़का। जो बहुत ही आदर के साथ हाथ जोड़ कर उस के सामने जब-तब झुक कर उपस्थित हो जाता है। शिशुवत। जैसे मन को गुदगुदा जाता है।

क्या यह भी किसी साधना का कोई क़िस्सा है ?

वह विभोर है साधना के इस द्वार पर उपस्थित हो कर। हिमालय सा शिखर, शिखर की अनुभूति में गदगद है। साधना के स्वर का एक साधक आज अचानक साधु-साधु बोलने लगता है। ध्यान अब सरल हो गया है। जिस ध्यान के लिए बैठना मुश्किल लगता था। देह दुखने लगती थी। पीठ अकड़ने लगती थी। आचार्य कहते थे यह विकार है, जो निकल रहा है। पीठ को दीवार से टिकाने नहीं देते थे। कार्यकर्ता आ कर रोक देते थे। अब वह पीठ का अकड़ना, देह का दुखना, दीवार से पीठ लगा कर बैठने की इच्छा कहां चली गई है ?

हां, बस नींद की नाव अभी भी साथ है। नींद की नाव नहीं छूटी। जाने छूटेगी भी या नहीं। वह खो गया है विपश्यना में। मल्लिका में। मल्लिका, विपश्यना और नींद की नाव यही उस की ज़िंदगी के, साधना के तीन केंद्र बिंदु हैं। दिन भूल गया है। रात में मल्लिका मिलती है यदा-कदा। सो रात नहीं भूलता। लंच, ध्यान और प्रवचन की सारी सरहद लांघ कर रात फिर लौट आई है। टहलने वाली रात। मल्लिका से मिलने वाली रात वह हरदम की तरह फिर चुपके से आ कर सट कर टहलने लगी है। उस के परफ्यूम की सुगंध उसे बहका रही है। मल्लिका की मांसलता, उस की मादकता में महकता विनय उसे बाहों में भर चुका है। उस की कमर में हाथ डाल कर कुछ टटोलता हुआ सा उस के गले को चूम रहा है। वह चूम रहा है और मल्लिका बेसुध हुई जा रही है। उस पर झुकी जा रही है। जैसे नदी की चंचल

धारा उछलती हुई बह रही हो। वैसे ही मल्लिका की देह उछल रही है। क़ाबू से बाहर जाती हुई देह धारा जैसे सारे बांध तोड़ कर विनय के गांव को डुबो लेना चाहती है। ख़तरे के सारे निशान पार करती हुई यह देह धारा बाढ़ के विकराल रूप में उपस्थित है।

यह कौन सी बाढ़ है ?

यह कौन सा अनुराग है कि विनय खुद को इस बाढ़ के हवाले कर देता है। कोई प्रतिरोध नहीं। वह जानता है पानी, बिजली और आग से कभी लड़ना नहीं चाहिए। फिर यहां तो आग भी है, बिजली भी, पानी भी। किस-किस से कैसे लड़े। और क्यों लड़े। बिजली रौशनी दे रही है। आग शीत से राहत। पानी प्यास बुझा रहा है। थोड़ी देर में बाढ़ का पानी लौट जाता है। धारा नदी के पेट में चली जाती है। पर गांव में बाढ़ के निशान छोड़ जाती है। मिट्टी को और उपजाऊ बना जाती है। बाढ़ का पानी सर्वदा ही लौटते समय मिट्टी में उपजाऊपन के तत्व छोड़ कर जाता है। यह उस के स्वभाव में है। ख़ास कर अगर देह की नदी में बाढ़ आई हो। यह बाढ़ विनाश नहीं, विकास ले कर आती है। आज मल्लिका को जाने की जल्दी नहीं है। वह सारी चिंताएं छोड़ कर एक गहरी आश्वस्ति में है। विनय को अपनी बाहों में भरे ऐसे बेसुध पड़ी है जैसे वह धरती हो, विनय दूब। दूब की प्रकृति ही है कि लाख आंधी-पानी या बाढ़ आए। वह जीवंत बनी रहती है। बड़े-बड़े वृक्ष धराशाई हो जाते हैं। क्यों कि वह अकड़ कर खड़े रहते हैं। उन की अकड़ उन्हें तोड़ देती है। दूब लचीली होती है। ख़तरे को देखते हुए इधर-उधर हो लेती है। झुक लेती है। बच जाती है। तपती धूप में सूखती भी है तो ज़रा सा जल पाते ही फिर हरी हो जाती है। जीवन पा लेती है। हर मौसम दूब सह लेती है। विनय वही दूब है। दूब बन कर मल्लिका जैसी धरती की बाहों में अंकुआता हुआ। मल्लिका के बड़े-बड़े स्तन में अपना चेहरा ऐसे धंसाए पड़ा हुआ है गोया शुतुरमुर्ग रेत में सिर धंसाए हुए हो। और यह देखिए मल्लिका की बाहों के घेरे मैं बंधा हुआ वह नींद की नाव में सवार हो गया है।

यह कौन सी आश्वस्ति है ?

नाक बज रही है और मल्लिका उसे झिझोड़ रही है। विनय को एक बार लगता है कि वह ध्यान सत्र में है। लेकिन नयन के पट खुलते ही नींद की नाव से उतरते ही वह ख़ुद को मल्लिका नाम की नदी में तैरता पाता है। वही नदी जो थोड़ी देर पहले विनय के गांव को अपनी बाढ़ में डुबो कर लौटी है। विनय को इस चांदनी में नदी की यह बांह और बांध लेती है। मल्लिका की दोनों बाहें जैसे नदी का दो किनारा लगती हैं। वह तय नहीं कर पाता कि नदी के इस पार रहे कि नदी के उस पार। चांदनी में नहाती शीत उसे भले नहला रही है पर उस की देह में अभी भी ऊष्मा है। तभी तो आहिस्ता-आहिस्ता वह मल्लिका के स्तन से अपने कपोल हटा कर अधर रख देता है। अधर जैसे मुखर हो कर मल्लिका की अलसाई देह को जगा रहे हैं। वह कुनमुना रही है। विनय उस की बाहों को हटा कर किनारा छोड़ देता है। धीरे-धीरे बीच धार की ओर अग्रसर है। मल्लिका की गुदाज देह उसे जैसे आमंत्रित कर रही है। अभिमंत्रित कर रही है। उस की देह में वेग है। जैसे हरिद्वार में हरकी पैड़ी पर गंगा की धारा जैसा वेग हो। अपनी मादक देह के मंत्रों से अभिमंत्रित कर रही है। अभिमंत्रित कर विनय की इच्छा को और मज़बूत कर रही है। अलकजाल से रिझा रही है। जाने क्या हुआ है कि वह माऊथ आर्गन के फ़न पर आ गई है। जाने किस धुन में बजाती जा रही है। जल्दी ही भैरवी के ठाठ में है वह अविकल। विनय की विकलता से ताल मिलाती हुई। विनय मल्लिका की देह पर अब झुक आया है। भैरवी बजे और मालकौन्स न बजे, यह नामुमकिन है। जल्दी ही दोनों मिल कर मालकौन्स की मधुरता में खो गए हैं। ऐसे जैसे युगलबंदी चल रही हो। मल्लिका जैसे उस से उस का सारा रस निचोड़ लेना चाहती है। सब कुछ ही नहीं बहुत कुछ अतिरिक्त भी पा लेना चाहती है। सारा कुछ उलीच लेना चाहती है। जाने कब की प्यास है, जो अभी और अभी बुझा लेना चाहती है।

गोया अनंतकाल की प्यास है। प्यास मिटाती हुई हरहराती नदी की तरह सारे तटबंध तोड़ती हुई बहती जा रही है वह।

चुप की इस राजधानी में दोनों देह की युगलबंदी राग मालकौन्स में अनुपम है। अनुपम ही है इस देहभाषा की दुनिया। मल्लिका की देह का आरोह-अवरोह भी बिलकुल संगीतमय है। मिठास ऐसी जैसे शिव कुमार शर्मा का संतूर। ऐसे जैसे कोई संगीत निर्देशक देह संगीत की यह अकल्पनीय धुन रच कर अनुपस्थित हो गया हो। अनिर्वचनीय बनाने के लिए। बिना किसी संवाद के। दोनों एक दूसरे की भावना समझ रहे हैं। दैहिक और मानसिक ज़रूरत समझ रहे हैं। पूरी कर रहे हैं। ऐसा सामंजस्य, ऐसा तालमेल कैसे मुमकिन हो गया है, विनय की समझ से परे है। संभोग के उस के विभिन्न आसनों का जाल, मल्लिका की अबोधता में और रंग भर गए हैं। पुरुष हो कर भी विनय कई सारी स्थितियों से, आसन से अनभिज्ञ था पर मल्लिका परिचित। न सिर्फ़ परिचित बल्कि निष्णात। विनय चकित है उस के अनेक प्रयोग और उन के अमल पर। वह समझ गया है कि देह संगीत को मधुर और मधुर बनाने के लिए दोनों तरफ से पूर्ण समर्पण कितना ज़रूरी होता है। तालमेल और सामंजस्य तो ख़ुद-ब-खुद बन जाता है। इफ-बट के बैरियर इस संगीत को कितना कष्टदाई बना देते हैं, वह जानता ही है। पर मल्लिका की डिक्शनरी में कोई बैरियर नहीं है। प्रेमी क्या चाहता है, वह प्रेमी से ज़्यादा जानती है।

जानती है कि शबनम से प्यास नहीं मिटती।

सुबह वह ध्यान सत्र में पहले की तरह फिर लेट हो गया है। पहले राग भैरवी का गायन फिर राग मालकौन्स का गायन, युगलबंदी ने देर रात तक क्या भोर तक जगा दिया। स्वाभाविक थी यह देरी। पर मल्लिका भी तो साथ थी इस गायन में एक सुर उस का भी था। पंचम में था। पर वह क्यों नहीं लेट हुई ? पूछ रहा है, विनय अपने आप से ही। पर कोई जवाब नहीं है उस के पास। आलस्य के सौंदर्यशास्त्र में वह मुंह छुपा लेता है। यह ज़रूर हुआ

कि दिन भर वह ध्यान कम कर पाया, नींद की नाव की सवारी ज़्यादा। फिर जब शाम हुई तो प्रवचन सत्र के बाद आचार्य ने बताया कि सभी साधकों की साधना अब आज पूरी हुई। यह सुनते ही विनय का दिल धक से रह गया। इतनी जल्दी कैसे ख़त्म हो गई साधना। यह तो ठीक नहीं हुआ। जीना आया जब तलक तो जिंदगी फिसल गई वाली बात हो गई यह तो। कारवां गुज़र गया, गुबार देखते रहे वाली बात हो गई। अब तो विपश्यना की साधना का स्वर समझ आ रहा था। शुरू के दिन तो समझने और सीखने में खर्च हो गए। अब साधना के दिन आए तो साधना के सत्र ही समाप्त हो गए। यह क्या बात हुई भला। साधना, मल्लिका की साधना में उस ने दिन ही गिनने छोड़ दिए थे। उसे अपने एक आई ए एस मित्र की याद आ गई। वह कहते जब किसी विभाग में ट्रांसफर होता है तो थोड़ा समय लगता है वहां का कामकाज समझने-जानने में। जब कामकाज समझ में आने लगता है, तभी फिर ट्रांसफर हो जाता है। किसी दूसरे विभाग में काम क्या ख़ाक करेंगे। यहां विनय के साथ भी यही हो गया है। ध्यान जब समझ आ गया तो ख़त्म। विनय को ध्यान ही नहीं, मल्लिका से बिछड़ने का भी मलाल हो रहा है। लेकिन वह क्या करे अब। कर भी क्या सकता है।

आचार्य बता रहे हैं कि अब इसी समय से सारे निषेध समाप्त हुए। अब आप लोग एक दूसरे से मिल बतिया सकते हैं। परिसर में कहीं भी घूम-फिर सकते हैं। सिर्फ महिला निवास में पुरुष नहीं जा सकते और न महिलाएं पुरुषों के निवास में जाएंगी। यह निषेध जारी रहेगा। साधक का जीवन अब बीत गया है। सामान्य जीवन शुरू कर सकते हैं। लेकिन अभी कल तक घर या परिसर से बाहर नहीं जा सकते। अभी आज और कल रात तक इसी परिसर में रहना अनिवार्य है। क्यों कि इतने दिन तक आप लोग इस शिविर में बिना बोले रहे हैं। ध्यान में संलग्न रहे हैं तो आप सभी का मन कोमल हो गया है। अचानक बाहर जाएंगे तो मन पर घाव लग सकता है।

विपरीत परिणाम मिल सकता है। कुछ अनिष्ट हो सकता है। इस लिए अभी दो दिन तक इसी परिसर में रहिए। मन मज़बूत होने के बाद फिर परसों सुबह नाश्ते के बाद जब चाहें जहां चाहें जा सकते हैं। विनय आचार्य से कहना चाहता है कि घाव तो अभी लग गया है, मन को। क्या करें ?

पर चुप रहता है।

अब किसी से कुछ कहने-सुनने का कोई मतलब नहीं है। ज़माने बाद डिनर मिला है आज। भले खिचड़ी ही सही। डाइनिंग हाल में लेकिन मल्लिका अनुपस्थित है। खिचड़ी उसे वैसे भी पसंद नहीं है। चख कर चला आया है। कमरे में वह बेचैन टहल रहा है। यह उस के बाहर टहलने का समय है। लेकिन वह कमरे में टहल रहा है। टहल रहा है कि घुट रहा है।

यह कौन सी घुटन है ?

समझ नहीं पाता। बिस्तर पर लेट जाता है। चुप की यह राजधानी अचानक कोलाहल में डूब गई है। अब चुप ग़ायब है। सब को सब के मोबाइल मिल गए हैं। लैपटॉप मिल गए हैं। सारे सामान मिल गए हैं। जैसे सन्नाटा टूट गया है। कोलाहल के किलोल में वह खो गया है। तुमुल कोलाहल के कलह में हृदय की बात गुम हुई जा रही है। सारी तटस्थता का अपहरण हो गया है। अराजकता का जैसे साम्राज्य चहुं ओर छा गया है। नीरव शांति में आग लग गई है। हर कमरे से शोर ही शोर आ रहा है। मन का शोर क्या कम था जो ज़रा सी ढील मिलते ही दबे हुए स्प्रिंग की तरह लोग उछल पड़े हैं। कोई ठठा रहा है। कोई मोबाइल पर बतिया रहा है। कोई मोबाइल पर गाने सुन रहा है। कोई मूवी देख रहा है। शोर है कि शोर का कोलाज। विनय इस शोर में सुन्न हो गया है। बग़ल के कमरे में महाराष्ट्र से आए लोग इकट्ठे हो गए हैं। शोर का जैसे प्रकोप है। वह टोकता भी है। पर कोई सुनने वाला नहीं है। बहुत कहने पर लोग झगड़ा करने पर आमादा हो गए हैं। यह लोग ध्यान में कैसे और क्या सीख रहे थे।

विनय के लिए समझना मुश्किल हो गया है। वह रोज की तरह इस रात भी टहलने के लिए निकल गया है। यह जानते हुए भी कि आज मल्लिका से मिलन कठिन है। माहौल ही कुछ ऐसा हो गया है। कि चुप की राजधानी अब शोर की राजधानी में तब्दील है। फिर भी सोचता है कि अगर मल्लिका मिली तो आज उस से बात भी होगी। अभी तक बिन बोले, बिन सुने अर्थ समझता था। खग जाने खग ही की भाषा वाली बात थी जैसे। अब उस के शब्द सुनेगा और समझेगा। खग तो वह अब भी है मल्लिका के लिए। बाहर लोग कम, ठंड ज़्यादा है। इक्का-दुक्का लोग ही दिखे। मल्लिका नहीं। विनय गोभी वाले खेत के पास के चबूतरे पर बैठ गया है। खेत ख़ाली दिखता है। गोभी कट चुकी है। पहले गोभी देखता था तो मल्लिका के गदराए वक्ष याद आ जाते थे। गोभी नहीं है अब। फिर भी मल्लिका का गदराया यौवन याद आ गया है। विनय अचानक उठ खड़ा हुआ है। टहलने लगा है। मफ़लर कस के बांध लिया है। दोनों हाथ जाकेट की ज़ेब में डाल लिए हैं।

'हे यू !' पीछे से धीरे से खुसफुसाती हुई लेकिन मिसरी सी मीठी और खनकती हुई आवाज़ आती है। वह पलट कर देखता है। अरे, यह तो मल्लिका है ! विनय जैसे उछल पड़ता है। वह कूदती हुई सी विनय के गले में झूल जाती है। माथा चूम लेती है। मन में जैसे सैलाब आ जाता है। दोनों एक दूसरे की बाहों में बाहें डाले टहलने लगे हैं। धीरे-धीरे। पतली सी सड़क उन्हें और पतली लगती है। रात और रास्ते कम लगने लगे हैं। अचानक जैसे हवा तेज़ हो गई है। देह में सिहरन सी उठ गई है। ठंडी हवा भले चल रही हो, मल्लिका के मादक स्पर्श की गर्मी भी साथ है। मल्लिका की एक छुअन उस के भीतर जाने कितनी ऊष्मा भर देती है। इन सर्द रातों में खुले आसमान के नीचे निर्वसन होने के बावजूद किसी दिन ठंड नहीं लगी। ठंड से बीमार नहीं पड़ा। जब कि उसे ठंड बहुत लगती है। साथ ही ठंड अच्छी लगती है। सर्दियों के दिन उस के प्रिय दिन होते हैं। फिर इस समय तो मल्लिका भी उस के साथ है। बिलकुल सटी हुई। मन से मन और तन से

तन मिलाती हुई। ऐसे जैसे पानी से पानी। ऐसे जैसे माटी से माटी। जैसे हवा से हवा। जैसे धरती से आकाश। जैसे आग से आग। कहते ही हैं कि जब संग गर्म जवानी हो तो काहे का जाड़ा, काहे का पाला।

आह ! यह कैसी मादक रात है।

पूर्णमासी का चांद भी दोनों को निहार रहा है बड़े रश्क से। आंखों आंखों में मल्लिका से बतियाता हुआ। जाने क्यों वह उस से कुछ कहना नहीं चाहता। बस चुप-चुप बतियाना चाहता है। गो कि बोलने का निषेध इस परिसर में समाप्त हो गया है। बस स्त्री परिसर में जाने का निषेध बना हुआ है। पर वह इस परिसर की सब से सुंदर स्त्री के स्पर्श में है। ऐसे जैसे ध्यान में सांस का स्पर्श। मल्लिका लगातार खुसफुसा रही है। टूटी-फूटी अंगरेजी में। वह कुछ समझ रहा है, ज्यादा कुछ नहीं समझ पा रहा। फिर भी वह चुप-चुप है। मल्लिका में खोया हुआ। विनय को मुसलसल चुप देख कर वह भी चुप हो जाती है। स्त्री जब आलिंगनबद्ध हो और पुरुष चुप हो तो स्त्री की देह बहुत बोलती है। बोलती ही रहती है। यह स्त्री देह का चुपचाप बोलना भी शांति देता है। ध्यान जैसी शांति। असीम शांति। नीरवता में स्तब्धता की शांति। आप कभी ध्यान से देखें सागर की उछलती, शोर मचाती लहरों में भी एक अजीब शांति होती है। लहर उछल कर गिरते ही जैसे शांत हो जाती है, वही शांति। मल्लिका की बोलती हुई देह वही शांति रच रही है। उछलती हुई देह। अरमान ऐसे ही तो जागते हैं। जग रहा है आहिस्ता-आहिस्ता विनय भी। विनय की देह भी। चॉकलेट का सा कुरकुरापन और मिठास जाग रही है मल्लिका की देह से। वह अचानक अंगड़ाई लेती है। जैसे मधुबाला लगने लगती है वह इस अंगड़ाई में भी। वह लपक कर उसे चूम लेना चाहता है। पर उस की अंगड़ाई में खलल नहीं डालना चाहता। उधर जैसे पूर्णमासी का चांद भी अंगड़ाई ले रहा है। दिशा बदल रहा है। कि पृथ्वी थोड़ा सा घूम गई है। दिशा बदल गई है। कि मल्लिका की देह की दिशा और दशा बदल गई है।

क्या पता।

पर अब और नहीं रहा जाता विनय से। वह दबे पांव टूट पड़ता है मल्लिका पर। मल्लिका की देह पर। उस की आंखें इस औचक घटना से फैल जाती हैं। कुछ बुदबुदाती है वह। पर वह समझ नहीं पाता। कि क्या कह रही है वह। वह फिर चुप हो गई है। विनय की देह भाषा को समझती हुई युगलबंदी के लिए। चली गोरी पी से मिलन को चली वाले भाव में सक्रिय हो जाती है। ज़िंदगी को ख़ूबसूरत बनाने के पथ पर है वह। जैसे कोई मुहूर्त देख रही हो, वह गर्दन उठा कर ऊपर आकाश को एकबारगी निहारती है। फिर विनय की देह में समा जाती है। सिमट जाती है, बाहों में एक करंट सा मारती हुई। उस के हाथ जैसे बहुत जल्दी में मालूम पड़ते हैं। विनय लेकिन जल्दी में नहीं है। बिलकुल नहीं है। दीवाना हो गया है वह मल्लिका का। मल्लिका की अदाओं का। उस की अंडरस्टैंडिंग का। वह देह संगीत में माउथ ऑर्गन की बड़ी शौक़ीन है। विनय को भी यह बहुत प्रिय है। इस के संगीत, इस के सुर, स्वर और राग की अवर्णनीय स्थितियां हैं। विनय को यह संगीत सूर्य बना देता है।

मल्लिका जैसे कोयल की तरह कूक रही है। उस की उत्तेजना का ज्वार बढ़ता ही जा रहा है। सागर की लहरें जैसे उछाल मार रही हैं। चट्टान से टकराने के लिए व्याकुल। विनय मल्लिका की आसक्ति और अभिलाषा को समझ गया है। वह जानता है कि मल्लिका की देह की यह लहरें उसे उठा कर पटक देना चाहती हैं। यहां-वहां छोड़ देना चाहती हैं। फिर भी विनय मल्लिका की देह में उठती सारी लहरों को लूट लेना चाहता है। आत्मसात कर लेना चाहता है। वह चुपचाप मल्लिका की देह को अपने ऊपर उढ़ा लेता है। गोया वह रजाई हो। ठंड से बचने और उस के स्तन से खेलने का भी यही रास्ता है। लहरें लूट लेने की एक तरक़ीब है यह। वह अपने स्तन विनय के मुंह में रख देती है। बांसुरी और सारंगी की तरह बजाने के लिए। विनय के अधर पूरी सरगम में अभ्यस्त हैं। सा रे ग म प ध नि सां

सां नि ध प म ग रे सा। वह आज लेकिन मल्लिका की देह को सितार की तरह बजाना चाहता है। सप्तक के स्वरों में। लेकिन मल्लिका आज जैसे कोई रुसी वाद्य बन जाना चाहती है। उसी धुन पर देह संगीत रचना चाहती है। संगीत कैसा भी हो सुरीला हो तो सब समझ में आने लगता है। भाषा की अज्ञानता, बाधा नहीं बनती। बैरियर नहीं बनती। जैसे कि विनय को अंगरेजी नहीं आती। पर माइकल जैक्सन का गाना वह समझता है। बहुत सी लोकभाषाएं वह नहीं जानता। पर लोकसंगीत समझ आ जाता है। मल्लिका का संगीत भी समझ आ जाता है। फिर देह संगीत वैसे भी किसी भी शब्द किसी भाषा का मुहताज़ नहीं होता। हर किसी को समझ आ जाता है। करत करत अभ्यास के जड़मति होत सुजान रसरी आवत जात ते सिल पर परत निशान वाली उक्ति देह संगीत में सब से फिट पड़ती है। सभी जीव इसे अनायास सीख जाते हैं। मनुष्य नए-नए ढंग से पारंगत होता जाता है। अविष्कार की हद तक।

मल्लिका आज उसी अविष्कार को आज़माना चाहती है। और विनय सितार की तरफ जाना चाहता है। आहिस्ता-आहिस्ता यह देह संगीत फ्यूजन की तरफ बढ़ता जाता है। देह संगीत में फ्यूजन की राह भी बड़ी सुखद होती जाती है। अपनी-अपनी धुन अपने-अपने प्रयोग। पर गंतव्य तो वही सत्यम शिवम् सुंदरम ही है। वही सूर्य, वही धरती। मल्लिका अब जल्दी में नहीं है। लगता है जैसे अपना शिखर पा कर वह नया शिखर पाने की लालसा में है। इसी लिए अब उस ने अपने को पूर्णतया विनय के हवाले कर दिया है। विनय चाहे सितार आजमाए या वीणा, बांसुरी या गिटार। लेकिन वह अब संतूर आज़माता है। मल्लिका इस नए बदलाव से मगन है। मुस्कुरा रही है। सो स्वीट ! उच्चार रही है। विनय अब जैसे साधना में है। गहरे जल में। देह के ध्यान की यह कौन सी विधि है, वह ख़ुद नहीं जानता। पर उसे लगता है वह अनंत की ओर है। अनंत सत्ता की ओर। अनंत सत्ता का अनुभव ही तो

ध्यान है। मल्लिका के साथ विनय इसी अनंत सत्ता का अनुभव करते हुए समाधि की ओर अग्रसर है। सत्यम शिवम् सुंदरम की प्राप्ति यही तो है !

अचानक मल्लिका विनय को कस कर जकड़ लेती है। दांत भींच कर आंख मूंद लेती है। विनय के साथ उस की युगलबंदी जारी है। सागर की लहरें जैसे ठाठ मार रही हैं। चट्टान से टकरा रही हैं। बहुत विकल है मल्लिका। मल्लिका से ज्यादा विनय व्याकुल है।

साधु-साधु !

मल्लिका जैसे बोल पड़ती है। संभोग में भी साधु-साधु ! विनय यह सुन कर चकित हो जाता है। सोचने लगता है कि क्या मल्लिका भी संभोग से समाधि की अवस्था में आ गई है।

विनय सर्वदा की तरह मल्लिका के वक्ष पर चेहरा रख कर उस की देह पर लद गया है। ऐसे जैसे कोई मतवाला मधुशाला में विश्वविजयी बन कर बेसुध पड़ा हो। मल्लिका उस की ज़ुल्फ़ों से खेल रही है। पूर्णमासी के चांद को साक्षी मान कर चांदनी बन कर दुलरा रही है। जैसे कोई मां शिशु को दुलार रही हो। मल्लिका का यह ममत्व विनय को भिगो गया है। बहुत भीतर तक भिगो गया है। स्त्री चाहे जैसी हो, जो हो, होती तो वह अंततः मां ही है।

विनय को एक बार लगता है कि कहीं यह सब कोई सपना तो नहीं है। वह खुद को चिकोट लेता है। फिर मल्लिका के नितंब पर चिकोटी काटता है। वह उसे 'अस्स !' कह कर मना सी करती है। विनय मान जाता है। जान जाता है यह सपना नहीं, सच है। विनय मल्लिका को कस कर पकड़ कर बारी-बारी उस के दोनों कपोल चूम लेता है। दोनों वक्ष दबाते हुए उस का माथा चूम लेता है। वह उसे बड़े मनुहार से देख रही है। ऐसे जैसे पूछ रही हो, 'फिर कब मिलोगे ?'

चलते-चलते वह विनय को फिर अपने आलिंगन में ले लेती है। प्यार करते हुए कहती है, 'माई सेल्फ दारिया, एंड यू ?'

'विनय !'

'तुम इंग्लिश नहीं समझते ?' वह अंगरेजी में ही पूछती है।

'लिटिल लिटिल !' अपनी हथेली को सिकोड़ते हुए बताता है।

'इधर भी लिटिल-लिटिल !' वह भी अपनी हथेली को सिकोड़ कर बताते हुई हंसती है।

वह चलना चाहती है। पर विनय उसे अभी न जाओ छोड़ कर कि दिल अभी भरा नहीं के अंदाज़ में रोकना चाहता है। पर वह नहीं रुकती। आकाश में पूर्णिमा के चांद को निहारते हुए बोलती है, 'अब चलना चाहिए।' वह ज़रा रुकी और बोली, 'कल फिर मिलेंगे।'

'हां, अब बस एक और रात ही तो हम और हैं यहां 'वह बताता है उसे कि, 'मैं ने तुम्हारा एक काल्पनिक नाम भी रखा है।'

'क्या ?''

'मल्लिका !'

'मॉलिका !' वह जोड़ती है, 'ब्यूटीफुल ! '

विनय उसे थोड़ी देर बाहों में भरे आहिस्ता-आहिस्ता उसे थपथपाता रहता है। कभी पीठ, कभी नितंब। कभी कपोल, कभी कुछ। दोनों एक दूसरे को चूमते हुए विदा लेते हैं। हमेशा की तरह मल्लिका पहले चली जाती है।

सुबह डाइनिंग हाल में दारिया नहीं दिखती। या तो वह नाश्ता कर के निकल गई है। या अभी आई नहीं है। नाश्ता कर के वह बाहर आ जाता है। चारो तरफ चहल-पहल है। लोग एक दूसरे से परिचय कर रहे हैं। फ़ोन नंबर का आदान-प्रदान हो रहा है। वह अंगरेज लड़का सामने से आता दिखता है। दूर से ही हाथ जोड़ लेता है, सिर झुका लेता है। पास आ कर भी उस के हाथ जोड़े हुए है। ब्रिटिश लहज़े में नमस्कार! बोलता है और झुक कर विनय के पांव छू लेता है। विनय बढ़ कर उसे उठा कर गले लगा लेता है। वह मचल कर ख़ुश हो जाता है। तभी आस्ट्रेलियन लड़की आती है। वह उस से मिलवाता है, 'दिस इज माई गर्ल फ्रेंड।' वह आदर

में सिर झुका कर बताता है, 'फ्रॉम आस्ट्रेलिया !' लड़की अपना कुछ नाम बताती है। विनय समझ नहीं पाता।

बातचीत शुरू हो गई है। विनय ने पूछ लिया है, 'कैसा रहा, ध्यान?'

'सो-सो ! '

'इतनी कम उम्र में ध्यान की कैसे सूझी तुम लोगों को ? '

'सूझी ?' वह चौंकता है। बोलता है, 'इंज्वाय किया। कुछ टाइम बचा था। लंदन वापसी में समय था। तो सर्च किया। सब से सस्ती जगह यही मिली।'

'क्या ?' विनय जैसे आसमान से ज़मीन पर आ गया। वह बोला, 'सस्ती क्या लगभग मुफ़्त है यह जगह।'

'यस सर !' वह बोला, 'फिर एक तजुर्बा भी मिला। हमारा बिजनेस भी इस से प्रमोट होगा।'

'क्या बिजनेस है ?'

'टूरिज्म।' वह बोला, 'हमारी टूरिस्ट एजेंसी है। दुनिया घुमाते हैं सब को।' वह अपना विजिटिंग कार्ड निकाल कर देता है। और कहता है, 'आइए आप को यूरोप घुमवाते हैं।' वह पैकेज के डिटेल बताने लगता है। लड़की भी अपना विजिटिंग कार्ड देती है। वह अपना पैकेज और डिटेल बताने लगती है। विनय बताता है कि, 'अभी उस का ऐसा कोई इरादा नहीं है।' और पूछता है, 'फिर भी कैसा लगा यहां ध्यान में आ कर?'

'कुछ नहीं।' वह सांस भीतर ले कर सांस फिर बाहर छोड़ते हुए हथेली फैला कर उस पर फिर सांस बाहर छोड़ते हुए, एक लंबी फूंक मारता है और बोलता है, 'ब्रेथिंग?' फिर हथेली पर फूंक मार कर उड़ा देता है।

विनय यह देख कर सकते में आ जाता है। क्या क्या सोचता था वह इस लड़के के बारे में। मन ही मन कितना तो प्यार करता रहा था इस लड़के को। पर इस ने तो दिल ही तोड़ दिया। अपमानित कर दिया ध्यान को। विपश्यना का इस तरह मज़ाक उड़ाना विनय को अच्छा नहीं लगा। विनय के मन

में आया कि उसे एक थप्पड़ लगा दे। पर ज़ब्त कर गया किसी तरह। वह लड़का समझ गया है कि विनय को उस की बातें बुरी लग गई हैं। सो अचानक चुप लगा गया है। लड़की ने मामला संभालने की कोशिश की है। और बता रही है कि उस का एक्सपीरिएंस बहुत बेटर रहा है। और कि वह अपने क्लाइंट्स के लिए इंडिया के पैकेज में विपश्यना को भी ऐड करेगी। ख़ास कर सीनियर सिटिजंस को। इस के फ़ायदे भी बताएगी। बताएगी कि विपश्यना से स्ट्रेस बहुत जल्दी दूर होता है। मेडिकल साइंस से बेटर है यह मेडिटेशन। वह बता रही है कि विपश्यना से रिलेटेड लिट्रेचर और डी वी डी वग़ैरह ले लिए हैं, क्लाइंट्स को कनविंस करने के लिए। सब अपनी साइट्स पर जल्दी ही डाल देगी। फिर वह विनय को आस्ट्रेलिया का पैकेज समझाने लग जाती है। विनय बोर हो जाता है। लड़का अचानक विनय के पैर छू कर चल देता है। उस के चेहरे पर फिर वही मासूमियत छा गई है। जो पहले के दिनों में हुआ करती थी।

लड़की भी उस के पीछे-पीछे चली गई है। शायद कोई नया क्लाइंट जुगाड़ने।

विनय सोचता है कि कहीं दारिया भी टूरिज्म इंडस्ट्री वाली तो नहीं है? कौन दारिया? विनय जैसे ख़ुद से पूछता है। और हंसते हुए ख़ुद ही को जवाब देता है, अरे वही मोगरे सी महकती हुई मल्लिका !

वह सोचता है अभी पूरा एक दिन, पूरी एक रात ऐसे ही व्यावसाइयों और जाहिलों के साथ गुज़ारना है। कैसे गुज़ारेगा? उस के बग़ल के कमरे का एक आदमी मिलता है। महाराष्ट्र से आया है। बता रहा है कि, 'महाराष्ट्र से दो टीम आई हैं। अलग-अलग बेल्ट से। इस विपश्यना शिविर में सब से ज़्यादा महाराष्ट्र से ही लोग आए हैं।'

'तो इतना शोर क्यों मचा रहे हैं आप लोग रात ही से ?' पूछता है विनय।

'बोर हो गए थे हम लोग ध्यान करते-करते।' वह बोला, 'अभी थोड़ा सा अपना स्पेस मिला है।'

'तो दूसरों का स्पेस क्यों छीन रहे हैं आप लोग ?' वह जैसे जोड़ता है, 'बहुसंख्यक हैं आप लोग, इस लिए ?'

'नो सर !'

'ऐसा ही था तो यहां इतना दूर आना ही क्यों था ?'

'आप कुछ ज़्यादा ही डिस्टर्ब लग रहे हो सर ?' वह बोला, 'किसी और को तो कोई प्रॉब्लम नहीं हुई। आप रात में भी सब को टोक रहे थे।'

'चलिए आप लोग इंज्वाय कीजिए।' विनय ने बात को बहुत बढ़ाना नहीं चाहा। वह बोला मुझे कोई प्रॉब्लम नहीं है।'

'ओ के सर !'

एक और मराठी मिल गया है। विनय की उम्र का है। वह विनय की मुश्किल समझ रहा है और ख़ुद को उस की मुश्किल के साथ जोड़ रहा है। बता रहा है कि, 'इतने दिनों से कितना सुख और शांति थी। इन सब लौंडों की अराजकता ने सब बेकार कर दिया है। वह बता रहा है कि यह सब विपश्यना करने आए भी नहीं थे। यह तो घूमने आए थे।'

'यह घूमने की जगह है ?'

'घूमने की जगह नहीं है। पर यह घूमने ही आए हैं।' वह बोला, 'यह सब सरकारी कर्मचारी हैं। महाराष्ट्र में सरकारी कर्मचारियों को विपश्यना करने के लिए स्पेशल छुट्टी और स्पेशल एलाउंस मिलता है। उसें ही इंज्वाय करने आए हैं यह लोग।'

'ओह !'

वह बता रहा है कि, 'महाराष्ट्र में बहुत सारे विपश्यना सेंटर हैं। पर उसे छोड़ यहां आए हैं तो घूमने ही आए हैं। बस यहां का सर्टिफिकेट लगाएंगे यह लोग।'

विनय कितनी गंभीरता से आया था विपश्यना के लिए। इस विपश्यना में कितना तो सुख कितना तो आनंद मिला। एक नया अनुभव मिला ध्यान का। ख़ुद को देखने और जानने का। जांचने का। और तो और मोगरे से महकती मल्लिका मिली। जीवन महक गया उस का। अब यह मूर्ख शोर

मचा कर बेवकूफी की बातें कर सारा ध्यान, सारा सुख खंडित किए दे रहे हैं। तहस-नहस किए दे रहे हैं।

विनय कमरे में आ गया है। हाथ मुंह धो कर ध्यान के लिए बैठ गया है। निर्विकार और निरापद। वह फिर गहरे जल में है। पूरी आश्वस्ति के साथ। गहरे जल में समा गया है। समाता ही जा रहा है।

लंच में भी डाइनिंग हाल में शोर है। किसी रेस्टोरेंट जैसा। दारिया लंच में भी नहीं मिलती। उस ने दारिया का मोबाईल नंबर भी नहीं मांगा है, न उस ने दिया है। बस नाम बताया, नाम पूछा। यह परिचय भी कोई परिचय होता है भला। फिर सोचता है कि मन और देह के परिचय से बड़ा क्या परिचय होता है भला।

अब तो बस सोना ही सोना है। बहुत परिचय-वरिचय के मूड में वह है भी नहीं। शाम को सो कर जब विनय उठा तो मन में कुछ ताज़गी आई। बाहर आ कर गोभी के खेत वाले चबूतरे पर बैठा है वह। दो-एक लोग और आ जाते हैं उसे बैठा देख कर। शाम तक चर्चा का शोर गॉसिप में तब्दील है। जैसे कि वह फ्रांसीसी अचानक विपश्यना शिविर से इस लिए अनुपस्थित हो गया कि एक रात वह अपनी गर्लफ्रेंड के साथ उस के कमरे में बिस्तरबाज़ी करते पाया गया। कार्यकर्ताओं ने पकड़ लिया और उसी रात कमरे से दोनों को बाहर कर दि[illegible] गया। सुबह विपश्यना शिविर से बाहर कर दिया गया। क्यों कि उन दोनों ने विपश्यना शिविर का नियम तोड़ा था। निषेध भंग कर दिया था। एक जोड़ा समलैंगिकता में पकड़ा गया। वह दोनों भी बाहर कर दिए गए। ऐसे ही और तीन जोड़ों को बाहर किया गया। सभी विदेशी जोड़े थे।

तो क्या यह सभी लोग सस्ता टूरिज्म करने यहां आए थे। विपश्यना करने नहीं ? खर्च कम कर समय गुज़ारने आए थे। लेकिन यह सब सुन कर विनय डर गया है। बुरी तरह डर गया है। कि कहीं वह भी दारिया के साथ कभी पकड़ गया होता तो ?

तो ?

इस शिविर परिसर में सी सी कैमरे भी लगे हैं जहां तहां। सुरक्षा के लिहाज़ से। सभी आवासीय परिसर में यह कैमरे तैनात हैं। लगता है जिस इलाके में टहलते-टहलते विनय अपनी मल्लिका से मिलता था, उस के साथ इस विपश्यना में वासना की युगलबंदी करता था, वहां सी सी कैमरे और कार्यकर्ताओं की निगाह नहीं थी। होती तो वह भी अवश्य पकड़ा गया होता। पकड़ा जाता तो अपमान की दरिया वह दारिया के साथ कैसे पार करता भला ? यह सब सोच कर ही वह सहम गया है। हाथ जोड़ कर मन ही मन वह भगवान को धन्यवाद देता है। लेकिन लोग अब शोर बंद कर यही सारी बातें खुसफुसा कर बतिया रहे हैं। वाट्सअप पर एक दूसरे को डिटेल फारवर्ड कर रहे हैं।

हां, दो भारतीय भी अचानक बाहर गए थे। उन के परिवार में कोई ग़मी हो गई थी।

डिनर में दारिया दिखी। आंख मटकाती हुई। उस की मेज़ पर कोई पुरुष पहले से ही था। कौन था ? पीछे से उस की पीठ दिखती है। वह डिनर के बाद कमरे में आ गया है। जाने क्यों रात में ही ठंडी हवा बहने लगती है। थोड़ी देर बाद वह लेट गया है। दुनिया भर के विवरण सुन कर वह डर गया है। कि कहीं दारिया मिल गई और वह उस के साथ युगलबंदी करता हुआ पकड़ा गया तो।

तो ?

पर थोड़ी देर बाद उसे एक गीत याद आ जाता है। प्यार है तो ज़माने का डर छोड़ दो। तुम भी घर छोड़ दो, हम भी घर छोड़ दें। वह कमरा छोड़ देता है। बाहर आ कर लंबे-लंबे डग भरता थोड़ी देर इधर-उधर घूमता रहता है। जब आश्वस्त हो जाता है कि अब परिसर में सन्नाटा है। कहीं कोई दिख नहीं रहा तो अपने युगलबंदी के अड्डे की तरफ धीरे-धीरे बढ़ लेता है। हलकी सी रौशनी में कोई परछाई दिखती है। वह और धीरे हो जाता है।

नज़दीक जा कर देखता है तो पाता है कि यह तो दारिया है। मोगरे की महक में महकती मल्लिका है। उस का परफ्यूम नाक में आते ही उस की देह में गमक सी आ जाती है। वह झूम जाता है। वह अपना स्कार्फ खोलती हुई विनय की तरफ दौड़ आती है। किसी हवा की मानिंद उस से लिपट जाती है। चूमती हुई बुदबुदाती हुई बोली, ' बहुत देर कर दी आज ! ' वह बोली, 'मुझे लगा आज आओगे ही नहीं।

'आता कैसे नहीं।' भीतर का भय दबाते हुए विनय बोला।

विनय बैठ गया है। मल्लिका लपक कर उस की गोद में बैठ जाती है। विनय की ज़ुल्फ़ों से खेलने लगती है। वह उसे आलिंगन में ले कर उस के नितंब सहलाता रहता है। आहिस्ता-आहिस्ता। लेकिन सरगम के सुर में नहीं आ पाता। पकड़े जाने का भय उसे विचलित किए हुए है। पर ठंडी हवाओं का बांध उस के भय को धीरे-धीरे निर्भय करता जाता है। दारिया अचानक विनय को निष्क्रिय देख कर पूछती है, 'आज क्या हो गया है तुम को ? तबीयत तो ठीक है न ? '

'हां, सब ठीक है।' विनय संक्षिप्त सा बोल कर उस के वक्ष से खेलने लगता है। ऐसे जैसे कोई नन्हा बच्चा कोई खिलौना खेल रहा हो। कि दारिया अचानक दरिया बन जाती है। कल-कल करती हुई बहने लगती है। मंथर गति से। उस के वक्ष पर नील गगन की तरह वह झुक गया है। गोया वक्ष नहीं, धरती हो। वह सिहर-सिहर जाती है। किसी लहर की तरह। उस की देह से उठती लहर से उस का ओर-छोर हिल रहा है। उस के विशाल वक्ष, उस के नीले नयन विनय के अस्तित्व को जैसे समाप्त कर देना चाहते हैं। विह्वल विनय दारिया की दरिया में डुबकी मारने के लिए उद्धत हो जाता है। बस एक आरोह की ज़रूरत है। साज़ को जैसे आवाज़ की दरकार हो। दारिया समझ जाती है। बिन कुछ कहे समझ जाती है। निर्वसन स्त्री देह भाषा बहुत समझती है। बहुत जल्दी समझती है। देह के मन की भाषा।

और दाहकता में दहकने लगती है। जैसे बटुली में अदहन। दारिया करवट ले कर दरिया बनी लेट गई है विनय की जांघों पर। ऐसे जैसे कोई नदी बल खाती हुई मोड़ लेती है अचानक किसी धार को ले कर। सारी धाराएं उस के पीछे-पीछे चल पड़ती हैं। और नदी जिस तरफ भी चल पड़ती है उसे रास्ता मिल जाता है। रास्ता बन जाता है। रास्ता बनाते-बनाते वह अचानक पेट के बल लेट जाती है। विनय उस की आकांक्षा पर न्यौछावर हुआ उस की पीठ से लिपट जाता है। जैसे कोई धारा अचानक हिलोर मारती हुए उछाल मारती है, दारिया वैसे ही हिलोर मारती हुई कमर को लहर की तरह उछाल देती है। नितंब का तंबू तान देती है। ऐसे जैसे नाव की पाल चढ़ते ही लंगर उठ जाए। गहरे जल में नाव उतर जाए। पतवार घुमा कर नाविक नाव को विपरीत धार पर खेने लगे, विनय दारिया की दरिया में उसी तरह नाव खेने लगता है। ऐसे जैसे कोई लोकगीत गा रहा हो। दारिया के देह-गांव में। दारिया के देह-गांव में गलियां बहुत हैं। संकरी-संकरी गलियां। गीत गूंजते हैं। तनी धीरे खोलो केंवड़िया, रस की बूंदें पड़ें वाला मंज़र है।

सुबह विदाई का दृश्य है। हर कोई जल्दी से जल्दी निकल जाने की हड़बड़ी में है। विनय वहां विपश्यना साहित्य खोज रहा है। दिक़्क़त यह है कि यहां विपश्यना साहित्य हिंदी में कम अंगरेजी में ज़्यादा है। वह जो भी हिंदी साहित्य मिलता है, सारा ख़रीद लेता है। आचार्य सत्यनारायण गोयनका के हिंदी वाले प्रवचन की डी वी डी भी। कि तभी दारिया आती हुई दिखती है। वह सब कुछ वहीं स्टाल पर छोड़ कर लपकता है। दारिया आती है। हंसती हुई। हवा की तरह झूमती हुई। खिलखिलाती हुई। आते ही वह विनय से लिपट जाती है। उस के इस सार्वजनिक आलिंगन में विनय को लगता है कि वह पुशपाश में है। दारिया के परफ़्यूम में आज फिर मोगरे जैसी सुगंध है। वह उस का माथा चूम लेती है। विनय उस के कपोल। लोग चौंधिया कर देख रहे हैं दोनों को आलिंगनबद्ध। दारिया के पीछे-पीछे एक पुरुष भी आ रहा है। दारिया उस पुरुष से विनय को मिलवाती है,

'मीट माई हसबैंड !' विनय अचकचा कर रहा जाता है। जैसे भहरा जाता है। उसे ध्यान से देखता है। यह तो वही रशियन पुरुष है जिसे आचार्य ने ध्यान सत्र में मेडिकल प्रॉब्लम बताते हुए दीवार से सट कर बैठने की अनुमति दे रखी थी। विनय को मना कर दिया था। वह कभी दारिया और रशियन पुरुष को एक साथ सोच ही नहीं पाया। सोच ही नहीं पाया कि वह पति-पत्नी हो सकते हैं। उसे कभी यह सब ध्यान ही नहीं आया।

'हेलो !' कह कर उस ने हाथ आगे बढ़ा दिया है, मिलाने के लिए।

'नमस्कार !' कह कर विनय ने हाथ जोड़ कर अभिवादन कर हाथ मिला लिया है, दारिया के हसबैंड से। वह भीतर से असहज होते हुए भी बाहर से सहज बना हुआ है।

'नमस्कार !' टूटी-फूटी हिंदी में वह भी जवाब देता है।

अंगरेजी तंग होने के कारण विनय बहुत बात नहीं कर पाता।

गेट के बाहर दारिया की टैक्सी खड़ी है। वह उसे टैक्सी तक छोड़ने जाता है। न दारिया फोन नंबर या पता मांगती है, न विनय मांग पाता है। वह हाथ हिलाती हुई, खिलखिलाती हुई, बब्बाय विनय !' बोलती है। टैक्सी धूल उड़ाती हुई चली जाती है।

चुप की राजधानी में बना यह संबंध चुपके से समाप्त हो गया है। होठों की आग और सांसों की राग रात के अंधेरे में बना संबंध, दिन के उजाले में भस्म हो गया है। मल्लिका के मोगरे की महक उड़ गई है। बिसर गई है। दारिया नामक दरिया जैसे अचानक सूख गई है। इश्क़ का यह कौन सा तर्जे बयां है।

साधु-साधु !

वह घर के लिए अब फ़ौरन लौट जाना चाहता है। पर जो विपश्यना से संबंधित साहित्य और डीवीडी ख़रीदा है, उस के भुगतान भर का पैसा उस के पास नहीं है। ग़लती उस से यह हुई कि जाते समय शिविर में सहयोग के लिए ज़रूरत से ज़्यादा सहयोग राशि भुगतान कर दिया। सिर्फ़ स्टेशन

जाने भर का खर्च रख कर सारा पैसा दे दिया। रसीद मिल चुकी है। हालां कि यहां कितना पैसा आप सहयोग के लिए दें, कुछ तय नहीं है। आप की अपनी श्रद्धा पर है। आप एक भी पैसा न दें तो भी कोई कुछ कहने वाला नहीं है। आप अपनी ख़ुशी और अपनी क्षमता से जो देना चाहें तो विपश्यना से मिली ख़ुशी और शांति के मद में जो भी पैसा था दे देना भी कम लगा। सो राह खर्च निकाल कर दे दिया। ट्रेन का टिकट पहले ही से था उस के पास। विपश्यना साहित्य बाद में दिखा। यह भी ज़रूरी लगा है। पर कार्ड से पेमेंट की व्यवस्था नहीं है। आन लाइन पेमेंट करना भी उसे नहीं आता। ए टी एम से पैसा निकालने के लिए उसे पास के क़स्बे जाना होगा। कोई सवारी नहीं मिल पा रही। उसे ओला, उबर कुछ भी बुक करने नहीं आता। एक टैंपो है जो बहुत ज़्यादा पैसा मांग रहा है। चारगुना ज्यादा। कोई बताता है कि थोड़ी दूर पैदल जाने पर शेयर्ड टैंपो मिल सकता है। वह पैदल चल पड़ता है। शेयर्ड टैंपो से क़स्बे पहुंचने पर तमाम ए टी एम मशीन ख़राब मिलीं। किसी ने बताया कि थोड़ी दूर और दूसरे क़स्बे में जाने पर ए टी एम है। वह दूसरे क़स्बे पहुंचा। वहां ए टी एम ठीक भी था और उस में पैसा भी। अब उस ने यहीं से एक टैंपो बुक कर लिया। शिविर स्थल और वहां से वापस स्टेशन की वापसी के लिए। विपश्यना शिविर वापस आते समय विनय ने देखा कि एक विदेशी अपना बिस्तर आदि अपने कंधे पर लादे पैदल ही क़स्बे की तरफ चला जा रहा है। बेफिक्र। हालां कि वह सिगरेट नहीं पी रहा पर उस की बेफिक्री देख कर विनय को एक फ़िल्मी गाना याद आ जाता है। मैं जिंदगी का साथ निभाता चला गया / हर फ़िक्र को धुएँ में उड़ाता चला गया ! विनय ने उसे हाथ हिला कर अभिवादन किया है। पर अपनी धुन में मगन उस ने विनय को देखा ही नहीं।

तो क्या वह पूरी तरह तटस्थ हो गया है ?

हर किसी चीज़ हर किसी बात, हर किसी घटना से। क्या पता। पर अब विनय ख़ुद से ही पूछ रहा है कि क्या कोई इस तरह तटस्थ भी हो सकता

है कि ख़ुद को ही ख़ुद की ख़बर न हो। एक सुंदर स्त्री देखते ही दिल में खलबली बढ़ जाती है। तन-मन विकल हो जाता है। भटकाव बढ़ जाता है। तो तटस्थता कैसे हो सकती है भला। ऐसे में तटस्थता किस चिड़िया का नाम है। तटस्थ भाव से ख़ुद को कैसे देखा जा सकता है भला। घर-संसार सब कुछ सामने आते ही सारी जद्दोजहद सारा संघर्ष उपस्थित हो जाता है।

विनय घर लौट आया है।

थोड़ी देर रोज ध्यान करता है। कभी-कभी डी वी डी लगा कर प्रवचन भी सुनता है। ध्यान का समय निरंतर कम होता जाता है। ज़िंदगी के मेले और झमेले में ध्यान का समय निकालना भी एक नई विपश्यना है। एक नया ध्यान है। सांस के स्पर्श से ज़्यादा जीवन-संघर्ष का स्पर्श है। सांस से ज़्यादा संघर्ष आता-जाता है। संघर्ष का आना-पान और सांस का आना-पान एकमेव हो गए हैं। तो भी वह समय निकालता है विपश्यना के लिए। ध्यान के समय वह कभी गहरे जल में होता है, कभी आकाश, कभी हिमालय में। बर्फ़ की गलन महसूस करता हुआ। कई बार वह नींद के नाव में बैठ जाता है। फिर सो जाता है। ध्यान में अकसर कई चीजें उमड़ती-घुमड़ती रहती हैं। पर अकसर वह स्त्री, विपश्यना में विलाप करती गंवई स्त्री आ कर सामने बैठ जाती है। विलाप करती हुई अकसर वह कहती रहती है, हम नाईं जाइब ! सपने में, ध्यान में विलाप करती स्त्री के अलावा भी बहुत कुछ आता है। कभी-कभार साक्षात बुद्ध भी ! पर सपनों की इस दरिया में कभी दारिया नहीं आती। मोगरे सी महकती मल्लिका नहीं आती है। आती है तो जागते समय उस की याद आती है। उस के दिए सुख याद आते हैं। विपश्यना की यह कौन सी प्यास है। जिंदगी की कौन सी आस है। दारिदा की दरिया में बहता हुआ विनय अकसर सोचता रहता है। लेकिन यह बहना कभी बंद नहीं होता।

कई महीने बीत गए। अचानक एक दिन दारिया का फ़ोन आया। फ़ोन पर वह विह्वल थी। ख़ुशी में ऊभ-चूभ। विनय ने पूछा, 'तुम्हें मेरा नंबर कहां से मिला ? मैं ने तो दिया नहीं था।'

'विपश्यना शिविर के आफ़िस से तुम्हारा नंबर लिया था, तभी।' वह ज़रा रुकी और बोली 'पर तुम्हें बताया नहीं।'

'ओ के। ओ के।' विनय ने पूछा,' और कैसी हो ?'

'बहुत अच्छी !' वह बोली, 'तुम्हारा दिया हुआ गिफ़्ट मैं कभी भूल नहीं सकती !'

'पर मैं ने तो तुम्हें कुछ दिया ही नहीं था। कोई गिफ़्ट भी नहीं।' वह बोला, 'एक फूल भी नहीं।'

'सब कुछ तो दे दिया था मुझे, तुम ने ! '

'क्या ? '

'हां, मैं तुम्हारे बेटे की मां बन गई हूं।'

'क्या ?' विनय घबराते हुए बोला।

'हां, बिलकुल तुम पर गया है। बस रंग मेरा गया है। कलर छोड़ कर सब कुछ तुम्हारा।

'क्या-क्या ?' विनय थोड़ा ख़ुश, थोड़ा घबराया हुआ बोला।

'कभी आऊंगी इंडिया तो तुम्हारे बेटे से तुम्हें मिलाऊंगी। ' वह बोली, 'या फिर तुम्हें ही कभी मास्को बुलाऊंगी।'

'क्या ?' विनय की घबराहट में घिग्घी बंध गई।

'तुम्हें मालूम नहीं विनय, मैं बहुत परेशान थी, मां बनने के लिए।' वह बोली, 'बहुत ट्राई किया। इलाज पर इलाज। पर हार गई थी। डाक्टर ने टेस्ट ट्यूब बेबी का भी बताया था।' वह बोलती जा रही थी, 'बीच विपश्यना में तुम क्लिक कर गए। तो ट्राई कर लिया। सारा रिस्क ले कर ट्राई किया। और सक्सेस रही। थैंक यू, माई लव !'

विनय चुप ही रहा। वह समझ नहीं पा रहा था कि अपने रुसी बच्चे के लिए दारिदा से वह कहे भी तो क्या कहे। फिर धीरे से वह बोला, 'हो सके तो बच्चे को हिंदी भी ज़रूर सिखाना। ताकि जब भी कभी उस से मिलूं तो उस से बात कर सकूं।'

'इट्स ओके।' वह बोली, 'बट उसे कभी यह नहीं बताऊंगी कि तुम उस के फ़ादर हो। न कभी तुम बताना।' वह कहने लगी, 'बस तुम जानो और हम जानें। डोंट नो वन एनीवन।'

'ओके।' विनय बोला, 'इट्स ओके।' विनय को न तुम हमें जानो, न हम तुम्हें जानें गीत की याद आ गई।

'ओ के डार्लिंग !'

'बेटे की कुछ फ़ोटो भेजना।' विनय ने कहा।

'श्योर !' वह बोली, 'मालूम है, बेटे का नाम विपश्यना ही रखा है।' दारिदा चहकती हुई बोली, 'मेरे हस्बैंड को भी यह नाम पसंद है। बहुत पसंद है।'

'क्या ?'

'यस माई लव !'

'वेरी गुड !'

'साधु-साधु !' कह कर वह दारिदा ने फ़ोन रख दिया।

विनय अपनी एक भूल से, एक अलौकिक सुख से इस तरह पिता बन जाएगा, कहां जानता था। दारिदा ने बेटे की कुछ फ़ोटो वाट्सअप से भेज दी है।

वह अब ध्यान में अपने उस रुसी बेटे विपश्यना को किलकिलाते हुए देखता है। अकसर देखता है। जल, आकाश और हिमालय के साथ अब यह उस का रुसी बेटा विपश्यना भी ध्यान में उपस्थित हो जाता है। बार-बार। कहीं ज़्यादा। हरदम किलकिलाता और खिलखिलाता हुआ। वह दारिदा के पास उड़ कर पहुंच जाना चाहता है। ताकि विपश्यना नाम के शिशु को जल्दी से जल्दी देख सके। विपश्यना के लिए उस के भीतर अजीब सी तड़प उठती है। युगलबंदी के बाद यह कौन सी बंदिश है जो उसे गाते-गाते रुलाने लगी है।

यह कौन सा विलाप है। विपश्यना में विलाप का यह आलाप विनय को विकल कर देता है। विपश्यना की यह कौन सी साधना है ? साधना

है कि आराधना ? सहसा विपश्यना शिविर के ध्यान कक्ष में उस स्त्री का विलाप याद आ जाता है विनय को। वह समझ नहीं पाता कि साधना में है कि विलाप में। दारिया कभी-कभार अब वाट्सअप काल करती रहती है। विपश्यना बेटे को दिखाती रहती है। कभी किलकारी मारते, कभी सोते हुए। वह बताती है कि ,' यह जब भी दूध पीता है तो तुम्हारी याद आती है।

'वैसे नहीं आती क्या ?'

'क्यों नहीं आएगी ?' वह बोली, 'हरदम आती है।'

'अच्छा तुम्हारे हस्बैंड को मालूम है कि विपश्यना किस का बेटा है ?'

'हां, मालूम है।'

'क्या ?' वह अचकचा जाता है।

' उसे मालूम है कि विपश्यना उसी का बेटा है।' वह जैसे जोड़ती है, पर मुझे मालूम है कि हमारा-तुम्हारा बेटा है। पर किसी को क्यों कुछ बताना ?' वह बोली, 'मैं मां बन गई हूं, मेरे लिए इस से ख़ुशी की बात दुनिया में और कोई बात नहीं है।'

' बस तुम से एक बार मिलना है। विपश्यना को देखना है।' विनय बोला।

दारिया बोली, 'साधु-साधु !

□□□